組織・人材開発を促進する
教育研修
ファシリテーター

堀 公俊＋加留部貴行[著]

日本経済新聞出版社

はじめに

　皆さんは、今、教育研修が果たす役割も大きく変わりつつあるのをご存じでしょうか？

　産業能率大学の「企業の人材開発に関する実態調査」によると、日本企業が従業員１人当たりにかける教育費は年間約５.４万円で、欧米の約半分だといわれています。2008年１月の調査なので、リーマンショック以降、さらに差が開いていることでしょう。これは学校教育においても同様で、教育機関に対する公財支出はGDP比３％程度と、先進国の平均５％と大きなギャップがあります。

　では、なぜこんなに少ない教育費で日本企業がやってこられたのでしょうか。それは、現場に高い教育機能があったからに他なりません。

　文字通り、同じ釜の飯を食べながら、現場の実践を通じて一人前に鍛えていくのが日本流のやり方です。言い換えると、日本では人づくりも組織づくりもお金をかける必要はなく、現場に任せていれば何とかなったわけです。

　ところが、そんな前提が大きく揺らぎ始めています。グローバル時代を勝ち抜くため、人件費削減と成果主義を押しつけられた現場に、もはや悠長に人を育てる余裕はありません。

　それに追い打ちをかけるのが、価値観の多様化と個人主義の台頭です。人と人との関わりが薄れ、多くの人は孤軍奮闘・孤立無援で目の前の仕事と戦っています。以前のように、職場丸投げではうまくいかず、それどころか疲弊した職場を再生することが求められるようになってきました。

　今や教育研修は、単に人を集めて知識やスキルを教える場ではありません。人と人をつなげ、仲間の存在を実感し、働く意味を分かち合っていく。よりよい人と組織づくりに向けて意識を変革し、実行への活力を高めていく。そんな「人材開発」と「組織開発」が一体となった研修こそが、今、求められています。

そんな場を「企画者」としてデザインし、「講師」として舵取りするのが「教育研修ファシリテーター」です。また、その方法論として本書が提唱したいのが、「マルチスタイルメソッド」です。
　教育研修ファシリテーターは、今までのインストラクターのように参加者（受講者）の学習を管理することはありません。主体的な学びを支援・促進していくのが役割です。それも、参加者同士の相互作用を活用して、人のみならず人と人とのつながりを変えていきます。
　そうなると、今までのような予定調和の研修にはなりません。予期せぬことが起こるべくして起こる、創発性の高い研修になります。ファシリテーターと参加者が一体となって「学び合い」の場をつくっていくのです。

　本書は、まずもってプロの講師（コンサルタント）やその予備軍の人に読んでもらいたいです。かつての活気を失った日本において、この方々が果たす役割がことのほか重要だからです。筆者たちのノウハウをできる限り明かしますので、日本を元気にするために一緒に力を合わせましょう。
　あわせて、人材開発部門や組織開発部門で働く方々はもちろんのこと、社内講師の方や組織活性化で悩むマネージャー層にもぜひ読んでほしいです。これ１冊を読めば、「つまらない」「身につかない」「役に立たない」といわれてきた研修を大きく変える糸口が見つかるはずです。
　また、企業以外の教育関係者にも幅広く読んでもらいたいと思っています。小学校から大学まで、塾に専門学校、職業教育や生涯（社会）教育、あらゆる授業や研修を改善するヒントが満載です。加えて、教育を通じた市民啓発に携わる行政職員やNPOのスタッフの方にも、手にとってほしいところです。
　さらには、研修を受ける立場の人にも、研修の意味や仕組みを知り研修での学びを深めるために読んでほしいと考えています。

　第１章では、教育研修が直面している課題と、これから求められる教育研修のあり方を明らかにしていきます。ここでは特に、今までのインストラクターとファシリテーターの違いをしっかりと頭に入れておいてください。
　続く第２章では、マルチスタイルメソッドにおける研修プログラムの基本的

なつくり方を時間軸に沿って述べていきます。それをさらに第3章から第5章で、レクチャー（講義）、ワークショップ（協働）、リフレクション（省察）の3つのモジュールに分けて展開していきます。研修の現場でのファシリテーターの振る舞い方、常套フレーズ、落とし穴への対処法などについても詳しく説明をしており、現場での実践の参考になるはずです。

　さらに第6章では、人材開発と組織開発が一体となった研修プログラムを、実例に基づいて解説していきます。ここまで述べてきたさまざまな技がどのように活用されているのかをご覧ください。そして、最後の第7章で、さらなる高みを目指す人に向けて、ファシリテーターのスキルとマインドの高め方について解説しています。

　このように本書では、研修のコンセプトづくりから事後のフォローまで、教育研修ファシリテーターが関わる全プロセスについて解説していきます。なかには、すでにプログラムがあって講師の振る舞いだけを学びたいという方もいらっしゃるかもしれません。そういう方は、必要な部分だけつまみ食いしてもらって大いに結構です。必ずしも初めから読む必要もなく、興味のあるところから読み進めてもらえればと思います。

　「人を育てる」ことほどやりがいのある仕事はありません。「組織を育てる」ことほどワクワクする活動はありません。その両方が味わえる上に、みんなから感謝され、しかも自分も成長できるのが教育研修ファシリテーターです。これほど「美味しい」役割はないのではないでしょうか。

　皆さんも本書を読んだら、一刻も早くそれぞれの持ち場で学び合いの場をつくってみましょう。きっと何かが変わる大きなキッカケになるはずです。

　　2010年10月

　　　　　　　　　　　　　　　　　　　　　　　　　　　　堀　公俊
　　　　　　　　　　　　　　　　　　　　　　　　　　　　加留部貴行

「教育研修ファシリテーター」●目次

はじめに　003

第1章　教育研修ファシリテーターとは　011
新しい学びのスタイル

1　なぜ研修が学習に結びつかないのか　012

誰のための研修なんだろう？／研修に典型的な3つの症状／組織のジレンマ〜大切だけどお金がない／個人のジレンマ〜重要だけど時間がない／孤軍奮闘・孤立無援の人たちをつなげる／教育研修が持つ新しい意味／「人材開発」と「組織開発」の融合を目指して／人を変える、関わりを変える／研修の狙いと位置づけ／集合研修の3つのスタイル

2　教育研修ファシリテーターが求められる　024

これからの研修が目指す3つの方向／こんな研修をやってみたい！／教育研修ファシリテーターとは／主体性と相互作用を育む／インストラクターvs.ファシリテーター／学び合いの場を支援する／3つのスタイルと9つの学習法／組み合わせて使えば相乗効果が高まる／ワークショップ型のチームリーダー研修／多岐にわたるファシリテーターのスキル／スズメの学校からメダカの学校へ／研修を通じて組織を変えよう！

第2章　研修の成果は事前と事後で決まる　039
準備とフォロー

1　明快なコンセプトをつくる　040

あり方とやり方の両面で考えよう／Why：なぜ研修をするのか？／研修の位置づけを考える／Who：誰に対して研修をするのか？／What：研修で何を目指すのか？／When：いつ研修をやるのか？／Where：どこで研修をするのか？／How：どんな研修をするのか？／研修のタイトルを仮決めしておこう

2　研修の構成と流れをデザインする　046

研修を構成する3つの要素／参加者を事前に把握しておく／違いを活かすための配慮／研修にふさわしい空間をつくる／レイアウトを使いこなす／レイアウトを調整する／場を転換して、気分を転換する

3 研修プログラムをデザインする 054
研修プログラムの基本構成／オープニングとクロージング／3つのスタイルを組み合わせる／代表的な3つのプログラムパターン／アクティビティと活動単位に展開する／人数展開の並べ方の主なパターン／機動的に動ける時間配分を

4 事前準備は入念にぬかりなく 064
参加者をその気にさせる案内告知／準備物はヌケモレなく／参加者のマインドを高めておこう／ファシリテーターの心の準備

5 研修をやりっぱなしにしない 070
アンケートを用意しよう／事後のフォローの仕方あれこれ

第3章 レクチャーで知識をインプットする 075
対話型の講義のススメ

1 双方向のレクチャーを目指そう 076
レクチャーも体験の場である／まずはコンテンツを磨こう／テキストに沿いつつ予定調和にしない／インタラクティブな講義を目指そう！／レクチャーにおける3つの学習方法

2【学習方法1】聴 く 080
ポイントと例示を繰り返す／効率的に伝えるロジカルモード／インパクトが強いストーリーモード／ときには会話モードでライブ感を出す／キャッチーなまとめの言葉をつける／接続詞でスライドをつなぐ／自分の言葉で語ろう／ときおり問いかけ、間をおいて考えさせる／語尾をスパッと言い切る／つかみは要らない、ウケようと思わない／大いに失敗談を語ろう／独り言をつぶやく／脱線と内緒話をうまく使う／参加者の知識を活かそう／テキストに書いてあることは一通り話す

3【学習方法2】見 る 088
パワーポイントの落とし穴／手の内を明かしてしまわない／テキスト主体でスライドをつくる／テキストをスマートに見せるコツ／レジュメを使えば話に集中させられる／多彩な使い方ができるホワイトボード／フレキシブルに使える紙芝居

4 【学習方法3】考える　096

ファシリテーターが質問する理由／答えやすい質問で手を挙げてもらう／ロジックを確認する／他の意見を募りパスを回す／話し合いを交通整理する／5W1Hで視点を広げる／タイミングを見計らってキラーパスを送る／議論をクローズする／パスが戻らなくてもあせらない／質疑応答を対話の場に／工夫次第でQ&Aは盛り上がる

5 レクチャーで使える実践テクニック　104

参加者と同じ目線に立つ／気持ちを態度で表そう／ライブ感を大切にする／確かめ合うことで双方向性が生まれる／待つことの大切さ／話がまったくウケない！／参加者が寝だした！／質問に答えられない！

第4章 ワークショップで相互作用を起こす　113
予定調和では面白くない！

1 楽しく学べるワークショップ　114

ワークショップとは？／予期せぬことが、起こるべくして起こる／アクティビティの選択が決め手になる／アイスブレイクで緊張を溶かす／インストラクションと場のホールド／インストラクションのやり方／安全保障のためのグランドルール

2 【学習方法4】話し合う　124

研修における話し合いの意義／話し合いの3つのモード／ルールを使って舵取りしよう／人数と場づくりに工夫を凝らす／問いの力を高めるために

3 【学習方法5】体験する　136

体験を通じて話し合う／安心して失敗をしよう／振り返りの時間は必ずなくなる？／気持ちよく体験するために／やりたくない人が出てきたら？／研修パラダイスを防ぐには

4 【学習方法6】創作する　144

受け手を語り手へと変貌させる／プロセスから学ぼう／右脳と左脳を使い分ける

5 ワークショップで使える実践テクニック　150

場をホールドする大切さ／事前の想像力が臨機応変を育む／場の潮目をキャッチする

観察力／参加者を信じて個別対応をする／プログラムを変更する決断力／本気と遊び心を両立させる／間と揺らぎが予期せぬことを起こす

第5章 リフレクションで学習を深める　157
内省と対話を通じて学ぶ

1 経験からマイセオリーをつくり出す　158
学び方を学ぼう！／自分を開き、他者を受け入れる／振り返りで大切な3つの活動

2 【学習方法7】分かち合う　162
他人の経験から学ぶ／グループサイズを工夫しよう／発表は本当に必要か？／一言多いファシリテーターは要注意／意図開きが一体感と納得感を生む

3 【学習方法8】内省する　170
「反省」ではなく「内省」をしよう／ときには静かに1人で考える／分かち合いが本当に必要か？／振り返りでホンネを引き出すテクニック

4 【学習方法9】深め合う　176
フィードバックの4原則／経験を学習につなげる対話／振り返りを深める質問法／無理にオチをつけない

5 リフレクションで使える実践テクニック　182
ステップを踏んでコメントをする／ファシリテーターからのフィードバック／振り返りは葛藤にフォーカスする／険悪なムードになったときに／振り返りの時間がなくなった！

第6章 実践！教育研修ファシリテーター　187
サンプルプログラム集

実際に使いこなそう！／人と組織を変える研修

1 新入社員教育での業務紹介　190

2　組織を強くする研修　192
　3　福祉教育・ボランティア教育研修　194
　4　合宿形式のコンプライアンス研修　198
　5　女性社員の意欲を引き出す研修　202
　6　変革人材（チェンジエージェント）養成合宿　208
　7　どん底から立ち直る研修　212

第7章　さらなる高みを目指して進化しよう！　217
ステップアップの手引き

　1　参加者と真摯に向き合う　218
　　質疑応答は旬なニーズを観測する場／アンケートは参加者とのコミュニケーションツール／聴けなかった思いを聴き出す

　2　ファシリテーターとしての感性を磨く　222
　　自分自身を客観視するには／想像力を働かせよう／参加者になって観察してみる／ファシリテーターの二面性／良いフィードバッカーを得る

　3　あり方を支えるマインドを磨く　226
　　ファシリテーターを支える5つのもの／何のためにファシリテーションを活かすのか／「待つ」ということの大切さ／教育研修ファシリテーター心得10カ条

　　ブックガイド　230
　　あとがき　232
　　索　引　235

装幀・本文デザイン──竹内雄二
DTP──リリーフ・システムズ

教育研修ファシリテーターとは

第1章 新しい学びのスタイル

1 なぜ研修が学習に結びつかないのか

誰のための研修なんだろう？

皆さんは教育や研修に対して、どんなイメージをお持ちでしょうか。
教育と聞いただけで嫌な思い出がよみがえる。研修と聞いただけで気分が悪くなったり、逃げ出したくなったりする。そんな人もいるかもしれません。ここではＡさんのある経験から思い起こしてみます。

　ある日、支社の営業部門に勤務するＡさんは、上司から呼ばれて告げられました。本社で開催される営業担当者向けの１日コースの社内研修に参加せよとの通知が来たというのです。Ａさんは正直なところ気が乗りません。心の中ではこんなつぶやきが聞こえてきます。
　「こんな忙しいときに丸１日研修かぁ…。少しは現場のことも考えてほしいよなぁ。研修を受けたってすぐに悩みが解決できるわけでもなく、何の役に立つか分からないし…。その間に同僚やライバルに差をつけられたくないしなぁ…。結局は現場のニーズなんておかまいなしで、本社の都合優先じゃあやってられないよ」
　どうやらＡさんは、研修に対していろいろ不満があるようです。
　「おまけに、何だかいろいろやらされるのが嫌だ。そうそう、あの発表ってやつで、あてられるのは本当に苦痛なんだよなぁ。ましてや講師の話を一方的に聞くなんて…。せめて内容が退屈じゃなければいいんだけど。まあ、しばらくは我慢の時間かな…。ところで誰が来るんだろう。知らない人だらけなのかな？」
　そんな気持ちを抱えながら、Ａさんは研修会場に片道３時間をかけて駆けつけました。

午前中は座学です。営業本部長からの訓話が中心で、内容は日頃から言われ続けていることばかり。「いったい誰のための研修なんだろう？」とＡさんの頭の中には「？」が浮かんでいます。

　午後からも講義。営業テクニックに関するもので、出来合いの研修テキストを使います。ところが、講師はほとんど棒読み状態。前日の残業の疲れも手伝ってかＡさんの眠気は最高潮です。

　「な〜んだ、これなら話を聞かなくても、本を読んでおけば分かるじゃないか。わざわざ本社に呼びつけなくても、営業所でビデオでも見せればいいんだよ」。そんなモヤモヤ感の中で、講師から質問を求められても考える気になりません。

　そうするうちに、5人1組になって、これからの営業手法を考えるグループワークが始まります。多少眠気は覚めたものの、誰がどうやって発表するかに意識が集中して、話し合いが深まりません。結局、消化不良で終わり、特に目新しい収穫はありませんでした。

　長く感じた研修が終わって、帰りの電車の中で思い出されるのは、昼食時間に同僚と交わした生々しい現場の話でした。「せっかくみんながわざわざ集まっているんだから、日頃の悩みや現場での工夫をもっと聴きたかったなぁ…」。そんなことを考えながら家路を急ぐＡさんでした。

図表1-01 | ありがちな教育研修風景

研修に典型的な３つの症状

あなたもＡさんと同じような経験をしたことはありませんか。あなたが研修の企画をする立場や講師の経験のある方なら、少し耳の痛い話だったかもしれません。しかし、今日もどこかでこのような研修がおこなわれて、同じようなつぶやきが出ているのかもしれません。

この事例で見てきたように、研修というと多くの方がイメージするのは、次の３つではないかと思います。

1）つまらない

研修そのものが、参加者のニーズより主催者の都合のほうが強く優先され、「やらされ感」が蔓延しています。本来の主人公であるはずの参加者は置いてきぼりにされがちです。

大抵のことは本やインターネットで知識を得ることができます。わざわざ集まって話を聞かなくても、必要であれば自分で勉強できます。しかも、一方的に講義を聞くだけでは、退屈で集中力が続きません。「学んだ」「自分のものになった」という実感が得られません。

2）身につかない

期待をして研修に臨んでも、退屈な講義と消化不良のグループワークばかりで、能力が向上した感じが持てません。研修をしたからといって何か新たなものが身についた感じはせず、やった内容はすぐに忘れてしまいます。

それに対する主催者側の言い分は、「やる気のない人が集まり、せっかく習ったことを現場で実践しないので知識やスキルが上がらないのだ」というものです。だったら、最初から現場で教えてもらったほうが有り難いです。

3）役に立たない

そもそも、主催者側が教えたいことと、現場側が学びたいことがズレており、役に立つ研修になるわけがありません。外部講師は教えるスキルはあっても内容が参加者のニーズに合っておらず、逆に社内講師ではニーズは合っていても

教え方が下手で分かりづらいです。
　結局、研修は、現場を一時離れた単なる息抜きの場にしかなっていません。所詮、教育は現場でやるしかないのです。

組織のジレンマ～大切だけどお金がない

　研修の問題点がおおよそ分かったところで、次に研修を取り巻く背景について考えてみます。結論を先にいえば、2つのジレンマに引き裂かれ、思うように教育や学習が進んでいないのが実状ではないでしょうか。
　社会が複雑になるにつれ、人材に求められるものも高度化していきます。次から次へと新しい知識やスキルを身につけていかないと、めまぐるしい環境変化についていけなくなります。グローバル社会をむかえ、多様な人材を１つのチームにまとめて即戦力として活用していかなければなりません。
　しかも、少子高齢化社会をむかえた日本では、人材ほど貴重な資源はありません。若い新しい人材を大量に増やすのが難しい以上、今いる人材をどう活用するかが大問題になってきます。まさに人材開発が、企業のみならず、あらゆる組織の生命線になりつつあるのです。
　ところが、多くの組織がやっていることはまったくの正反対です。
　「はじめに」で述べたように、日本は人が唯一の資源であるにもかかわらず、企業にしろ学校にしろ、教育研修への投資が先進国の中で大きく見劣りをしています。加えて、昨今の不況のあおりを受け、背に腹は代えられないとばかり、不要不急の経費として教育研修費は大きく削減されてきました。研修を取り止めたり、見よう見まねで内製化した企業も多く、OJTや自己啓発という名のもと、現場に任せっぱなしになっているのが実態です。

個人のジレンマ～重要だけど時間がない

　では、丸投げされた個人の状況はどうでしょうか。
　こちらも教育の重要性は高まる一方です。今や、一定の知識やスキルがないと正社員になれず、それも次々と新しいものを学習していかないと業務の高度

化についていけません。しかも、人材のグローバル化に伴い、高いスキルとモチベーションを持った外国人とも、これからは競り合っていかなければなりません。

　日本的な雇用慣行が崩れた今、企業に人材育成を頼ってはおられず、自分のキャリアは自分で開発していかなければなりません。長期的な視点に立ったキャリアデザインがすべての人に求められています。

　ところが、とても学習に時間が割けない、というのがビジネスパーソンの現実の姿です。人件費がギリギリまで切り詰められる中、仕事は増える一方。重要な仕事よりも緊急な仕事が優先され、毎日果てしないモグラ叩きに忙殺される始末です。本を読むヒマもないくらい仕事に追いまくられています。

　そんな中、「研修に出たい」と言おうものなら「そんなヒマがあるのか」と揶揄されます。結局、賞味期限の切れた人、研修マニア、強制的に派遣された人ばかりが研修に参加します。そんな人相手では、いくら優秀な講師でも限界があります。

孤軍奮闘・孤立無援の人たちをつなげる

　このジレンマを解消するには、もう一度研修の意味を問い直す必要があります。私たちはそもそも、なぜ"わざわざ"集まるのでしょうか。

　1つめは、大きな経験をするためです。1人では何をするにも、おのずと限界があります。みんなの協働作業で、1人ではできない大きな経験が味わえるからこそ、深い気づきが得られます。

　2つめは、相互作用を起こすためです。1人で考えるよりも、みんなで考えたほうが豊かな知恵が得られます。個人が持つ壁を打ち破るには、他人の存在が欠かせません。人は、人との関わりの中で学ぶ生き物ですから。

　3つめは、仲間を得るためです。人は1人では生きられず、対話をする相手がいてこそ、自分という存在が明確になってきます。みんなの顔を見て、言葉を交わすことによって、「独りではない」ことが確認できます。

　今、職場には、孤軍奮闘・孤立無援の人たちが多すぎます。

　かつては、大部屋で同じ仕事をやりながら、先輩から後輩へ思いや技術が伝

承され、共通体験を通じて連帯感が醸成されていったものでした。わざわざOJT（後述）などと叫ばなくても、無理なく自然におこなわれてきました。

しかしながら今は、自分の仕事を理解して相談に乗ってもらえる相手がいるような環境にはありません。それどころか、隣同士で話せることでもメールでやり取りし、言葉さえ交わすことも少なくなってしまいました。今や日常の雑談は絶滅危惧種となってしまったようです。1人で悩み、相談できず、悶々と過ごしている人たちが実に多いのです。

最近、限界集落という言葉をよく耳にします。一般的には、中山間地域や農山漁村などのいわゆる田舎を総称する場合に使われます。ところが、都心やベッドタウンでも限界集落は発生します。人と人との関係性が切れてしまった状況になれば、職場でも地域でも家庭でも限界集落は忽然と現れるのです。

そんな人たちでも、集まって話す機会や、相談できる時間と空間を確保すれば、「あっ、私は独りではない。ここにいる人たちとつながっている」と感じてくれるかもしれません。日頃の悩みから解放され、それだけでもモチベーションが上がって元気になるかもしれません。

知識やスキルを得るだけが教育研修ではありません。職場の中でのつながりをつくり、個人と組織を元気にするための貴重な場です。そのために、いかに参加者同士の関係性を生み出せるかがカギとなってきます。対話をし、相互作用を生み出し、つながりを紡ぎ出していく。それが研修の場です。

教育研修が持つ新しい意味

1）仲間の存在を実感する場

多様な価値を認め合った上で人材を育てるには、多様な視点や考え方を交換することが必要です。そして、単に知識としての学びや経験としての知恵を交換するだけではなく、感情も交流させていくことで、人としての安心感や存在を確認することが必要となってきています。

たとえば、分野、地域、業務内容が違う係長同士が、同じ係長という立場で対話してみることによって共通点を発見し、共感が生まれていくケースが多々

あります。これは決して傷の舐め合いではなく、共感を通じた仲間の発見なのです。共感は「人と人を結びつける連結器」。仲間の存在を実感し、お互いに認め合える関係性の存在ほど組織にとって強いものはありません。

　同じ組織の中で同じようなことを感じ、考えている人がいた。そういう事実を知る場が、教育研修という場なのです。

2）意識改革の源泉となる場

　仲間の存在を確認した上で、共通の体験と対話を重ねることによって、「ひょっとしたら、みんな同じことを感じているのではないか」「これをやることで職場が変わる、いや、組織全体も変わるのではないか」という期待感とつながりを醸成できるかもしれません。

　次には、仲間を増やしていこう、同じように学ぶ仲間を得たいという欲求が高まってきます。組織に対する、ひいては職場で過ごす時間に対するモチベーションが高まっていきます。そして、これらの共通体験は、組織の意識改革につながる源泉となる可能性を秘めているのです。

3）気持ちが元気になる場

　研修は人間ドックのようなものです。自分や組織の健康状態をみんなと一緒にチェックしていきます。検診を受けなくてもすぐに死ぬことはありませんが、定期的に検診を受けないと、取り返しがつかなくなります。

　ただし、検診を受けただけでは、健康にはならず、現場に戻ってからの努力にかかっています。そのためには、「これからみんなと一緒に頑張ろう」と元気な気持ちになって、笑顔で帰らないと意味がありません。

　もちろん研修ですから、実践に必要な知識やスキルを持たせる必要はあります。とはいえ、「スキルアップ」「キャリアアップ」といわれ、アップアップになっている人がたくさんいます。溺れてしまわないように、「あれもこれも」ではなく、「これだけは」というものにしていかなければいけません。

■「人材開発」と「組織開発」の融合を目指して

　これらを言い換えると、研修においては**人材開発**と**組織開発**を同時におこなう、ということになります。
　人材開発とは、文字通り、人の能力を向上させる取り組みです。それに対して、組織開発とは、組織の能力をアップさせることです。
　人の能力が上がれば組織の能力が上がり、人材開発は組織開発に含まれるとする考え方があります。あるいは、組織の能力を上げることで、人の能力が引き出され、人材開発の方法の1つとして組織開発がある、と考えることもできます。
　このように、両者は密接に関わりがあり、本来は一体的に取り組むものです。ところが、人材開発は主に人事部門が担当し、組織開発は業務改善部門やプロジェクトが担当する場合が多く、なぜかバラバラにおこなわれてきました。それでも、担当部署があるのはまだマシです。日本人が持つ勤勉さと集団主義にあぐらをかき、「上司の背中を見て学べ」「チームづくりは飲み会で」と、仕組み化されない現場任せの活動になっていたのが実状ではないでしょうか。
　しかしながら、先ほど述べたように、そんないい加減なやり方をしている時代ではありません。人材開発と組織開発を一体的に運用し、人と組織の能力を最大限に引き出す取り組みを進めていかなければなりません。その格好の場が研修なのです。

■人を変える、関わりを変える

　人材開発と組織開発は、アプローチが違うだけで目指すところは同じです。簡単にいえば、人を変えるのか、人と人の関わりを変えるのかの違いです。
　そもそも組織の捉え方には大きく2通りあります。伊丹敬之『場のマネジメント』（NTT出版）で述べられている考え方を、少し発展させて筆者なりに説明します。
　「組織とは何か」と問われれば、多くの方は「人の集まりである」と答えると思います。とすると、人の能力ややる気が高くなれば組織はうまくいきます。考

え方や気持ちを変えたり、新たな能力を身につけさせたりです。人を変えれば組織は変わると、人を起点にして考えるのが人材開発の基本的なアプローチです。

一方、人が集まれば必ずそこに関係性が生まれます。単に人が集まっただけでは組織にならず、そのパフォーマンスは互いの関係性によって大きく左右されます。つまり、組織とは、人と人が織りなす関係性（絆）の集まりであると考えることもできるのです。

だとすると、組織がうまくいかないのは、人ではなく互いの関わり方、つまり関係性が悪いからではないかと考えられます。関係性が悪いから、人の能力もやる気も発揮できていないのだと。こうやって、関係性を起点にして考えるのが組織開発の基本的なアプローチです。

もうお分かりのように、両者はコインの裏表にすぎません。人が変われば互いの関わりが変わり、関わりが変われば人が変わるからです。鶏が先か卵が先か、どちらからスタートするにせよ、両者の循環によって人も組織も変わってきます。だからこそ、研修という場において、両者を一体的に進めるのがもっとも効果的であり、本来の研修の姿なのです。

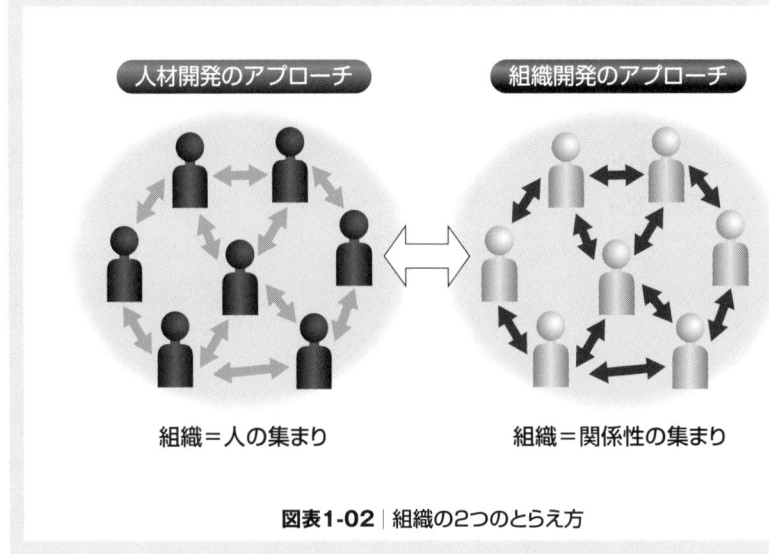

図表1-02｜組織の2つのとらえ方

■ 研修の狙いと位置づけ

では、こんな場をつくるために、どんなやり方があるのでしょうか。そのことを考えるために、そもそも研修とは何なのか、従来の人材開発の視点に立ち戻って考えてみたいと思います。

組織や社会など、集団を構成するメンバーが学習をする方法は大きく3つあります。1つめは、現場で仕事や活動をしながら学ぶ**OJT**（On the Job Training)です。2つめは、それぞれが現場から離れて集まって学ぶ**Off-JT**(Off the Job Training)、3つめが、集団ではなく個人で学ぶ**自己啓発**です。

このうち研修はOff-JTに属し、「企業などの組織が、組織目的にかなう方向で個人の潜在能力を発揮させることを目的に、主に業務の中ではない別の場所（オフサイト）で個人や集団に直接働きかける手段」（福澤英弘『人材開発マネジメントブック』）といわれています。

その方法は時代とともに移り変わってきており、それを紐解くことで今皆さんが受けている研修の意味が理解できます。またそれは「いかにして人は学ぶのか」という学習モデルの変遷でもあります。

■ 集合研修の3つのスタイル

1）レクチャーを中心とする知識伝達型

多くの方が研修でイメージするのは、集まって一斉に講義を受ける学校スタイルではないかと思います。その起源は、産業革命時のイギリスにまで遡ります。工場で働くのに必要な労働者を大量に養成する必要に迫られて考え出されたもので、日本の学校は今でもそのスタイルを踏襲しています。本書では**知識伝達型**（講義型）と呼ぶことにします。

一番のメリットは、必要な知識を効率的に伝達できる点にあります。そこには学習とは「正しい知識を持った人が持たない人に転移させていく」という学習観が根底にあります（学習転移モデルと呼びます）。なので、知識が乏しい相手、すなわち子ども、未経験者（新入社員など）、初心者などに対して効果的なス

タイルとなります。どちらかといえば、底上げ教育に向いたやり方です。

　反面、大人、経験者、中堅など、ある程度知識や経験のある方にとっては物足りないものになります。自分が持っている資源を研修の中で活かすことができず、多くの場合、抱えている問題の直接的な解決にもつながりません。

2) ワークショップを中心とする問題解決型

　それに対して、約100年前に考え出されたのが**問題解決型**の教育です。その起源は教育学者ジョン・デューイにあります。子どもたちが生活の中で関わりのある具体的な問題に対して、自らの体験と考察をもとに試行錯誤を繰り返しながら問題解決をしていく学習法です。ワークショップ、体験（参加型）学習、ゆとり教育の総合的学習の時間、フィンランドの対話教育、探求学習、PBL（Problem Based Learning）などはこの流れを汲みます。

　問題解決型の教育で共通しているのは「人は体験を通して学ぶ」という学習観です（経験学習モデルと呼びます）。参加者主導であり、特に成人学習に向いています。反面、効果性は高くても、効率性は見劣りします。また、学習を深めるには、それを支援・促進する人の役割が重要となってきます。

　余談になりますが、知識伝達型と問題解決型は、学校教育の二大潮流になっており、常にその狭間で揺れ動いています。日本でいえば、ほぼ20年ごとに主軸が変わり、そのたびに現場は右往左往させられているわけです。

3) 振り返りを中心とする省察型

　問題解決型をさらに発展させたのが**省察型**です。知識伝達型と問題解決型はやり方は違っていても、学ぶべき課題や目標、それを達成するための知識やスキルがあらかじめ用意されているという点では同じです。

　それに対して省察型では、そこを見つけることを狙いとしています。自分を振り返り、批判的に見つめることで自己変容を促そうというものです（批判的学習モデルと呼びます）。学ぶものは決まっておらず、その場から生まれてきます。

　といっても1人で内省をしていても気づきは得られません。他者と対話することで相互作用を起こし、考え方そのものを変革させていきます。人間関係の

グループワークやアクションラーニングにその考え方が活きています。徹底的な対話を繰り返すことで深い気づきが得られる反面、外から新たな知識や視点を入れないと、考えが広がらない恐れもあります。

このように、研修といってもいろんな考え方やスタイルがあり、それぞれ一長一短があります。おそらく、どれか1つが正しいということはなく、目的や対象者に応じて臨機応変に使い分けたり、組み合わせたりするべきものでしょう。また、スタイルによって講師に求められる役割も変わってきます。

	知識伝達型	問題解決型	省察型
モデル	学習転移モデル	経験学習モデル	批判的学習モデル
概要	正しい知識を持った人が持たない人に転移させていく	自らの体験と考察をもとに問題解決をしながら学ぶ	自らを振り返ることで、これから何を学ぶべきかを学ぶ
場			
長所	・必要な知識を効率的に伝達できる ・一時に大量の人を学習させることができる ・子ども、未経験者、初心者に向いた教え方である	・自分の知識や体験が学習に活かせ、大人や経験者向き ・参加者が主体となって学習できる ・具体的な行動に結びつきやすい	・個々の参加者に合った深い学習が可能となる ・経験豊富な人にとって望ましい学習法である ・参加者同士の相互作用を活かせる
短所	・講師主導となり、参加者の主体的な学習が削がれる ・内容が一律になり、自分の問題の解決になりにくい ・ある程度知識や経験のある人にとっては物足りない	・経験の乏しい人には学習が難しい ・一時に大量の知識やスキルが学べない ・自分の知識や経験から抜け出せない恐れがある	・気づきを得るのに時間がかかり、効率が悪い ・学習の内容やレベルに差が出やすい ・外から新たな視点を入れないと、考えが広がらない

図表1-03｜3つの学習スタイル

2 教育研修ファシリテーターが求められる

これからの研修が目指す３つの方向

　教育研修の場を取り巻く背景が分かったところで、我々が目指す方向性をもう一度整理しておきましょう。

1）受講者を参加者にする場づくりを目指す

　どんなスタイルだろうが、主役は教える側ではなく、教えられる側です。そのため本書では、受講者を**参加者**と呼ぶことにします。

　私たちは、自分が学びの当事者になったときに、「学んだ！」という実感、すなわち共有感、共感、納得感、発見が得られます。教育研修の場に「参加した」という意識を持った人は、内容においても満足感が高く、次の学びへの動機づけにつながっていきます。

　そのためには、一方通行から相互作用へ、知識偏重から体験尊重へ、抽象的思考から具体的思考への３つの方向性を大切にしていかなければなりません。

2）管理から支援へのパラダイムシフトを目指す

　舘岡康雄氏によれば、管理とは「自分から出発して相手を変える行動様式」（『利他性の経済学』、以下同様）です。それに対して支援は「相手から出発して自分を変える行動様式」を指します。

　前者では、相手である参加者を自分の意図を与える対象として扱います（リザルトパラダイムと呼びます）。逆に後者では、相手の都合にも合わせ、相手の意図を汲み取りながら向き合っていきます（プロセスパラダイムと呼びます）。管理から支援へ、リザルトからプロセスへと、教育研修のパラダイムシフトを目指していきます。

3) 研修を通じて組織の再生を目指す

すでに述べたように、研修は個人が知識やスキルを習得するためだけにあるのではありません。人と人をつなげ、コミュニケーションを促進し、モチベーションを高める場でもあります。人材開発のみならず、組織開発の重要な場でもあるのです。

こんな研修をやってみたい！

この３つが実現できれば、冒頭の「つまらない」「身につかない」「役に立たない」研修が、「面白い」「身につく」「役に立つ」研修へと大きく変貌すること間違いなしです。

そうすれば、次のような参加者の声が聴こえてくるはずです。筆者がおこなったある参加型研修の参加者の声を、アンケートの自由記述コメントから抜粋してみましょう。

- 時間が早く過ぎました。ずっと集中していられ退屈であることがなく、充実していました。
- この１年間、自分が考えたり、悩んだり、やってきたことを振り返って整理でき、知識として体系化できました。
- 今回の研修は知識面では"Nothing New"だったかもしれません。でも「知る」と「やる」とは大違い。私にとっては発見が山ほどあり、まさに"Everything New"でした。
- これまで人のせいにしていたところがあるが、自分に足りなかったことに気づいたので、そこをもう少し努力していきたい。
- みんなが同じ思いをしていることが分かり、自分だけじゃないと、心強く感じました。何かやれそうな気がします。
- 今回学んだことをやれば、職場が変わる、組織全体も変わるのではないかという気にさせられました。

教育研修ファシリテーターとは

このような教育研修の場をつくるには、「学びに導く道筋（プロセス）」をデザインし促進していく働きが必要となってきます。具体的には「企画者」として研修をデザインし、「講師」として舵取りする役割です。そういった複眼的な視点で学びのプロセスを導き促す役割を担う人を**教育研修ファシリテーター**（以下、ファシリテーター）と呼ぶことにします。

ファシリテーションは、「促進する」「容易にする」「円滑にする」「支援する」というのが原意です。参加者の活動が容易にできるよう支援し、うまく事が進むように促していくのがファシリテーションの機能です。また、それを主体的に担う人をファシリテーターと呼びます。

古くから体験学習（グループトレーニング）の世界では、トレーニングを舵取りする人をファシリテーター（学習促進者）と呼んできました。また、最近では、話し合いの進行役をファシリテーターと呼ぶことも増えてきました。ここでいう教育研修ファシリテーターは、これらを一部兼ねつつ、研修という場を促進・支援する役割を総合的に担う人だと思ってください。

主体性と相互作用を育む

ファシリテーターの働きは２つあります。参加者の主体的な学習を支援することと、参加者同士の相互作用を促進することです。

1）個人の主体性（やる気）

単に誰かに命令されたりして嫌々やらされているのでは、活気ある学びの場にはなりません。人は自発的に学ぶからこそ活気づき、達成感が味わえます。惜しまず努力する**主体性**なしには、本当の学びの場は実現しません。適切な動機づけと動きを加えながら、やる気を引き出していくのがファシリテーターの役割です。

たとえば、とにかく恥ずかしくても参加者が何かをやって体験してみるように促していく。その際には、いきなり大掛かりなことに取り組むのではなく、

まずは簡単な動きから参加者も無理なくスタートできるような配慮をしていく。そんな敷居の低い研修を用意するのです。

2）集団の相互作用（助け合い）

主体性があるだけだと、個人の活性度は高くても場はバラバラのままです。協働作業などを通じて人と人が関わり合うことで、新しい関係性や**相互作用**が生まれ、思わぬ能力や考え方が引き出されていきます。場で助け合い、響き合っていく結果として、新しい自分や他人を発見し、学習と成長が生まれます。

すべては自分1人では完結しません。1人では気づけないことに気づくには、相手がそこに存在してくれているという環境が最大の要素となります。これからの教育研修の場では、相互の存在をしっかりと認識し合う仕掛けをすることが必要になってきます。

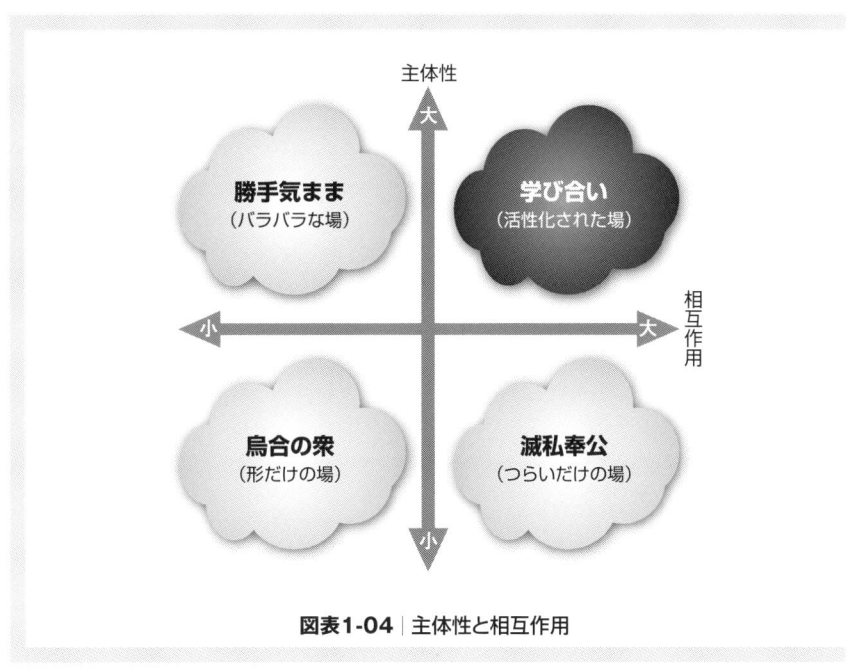

図表1-04 ｜ 主体性と相互作用

インストラクター vs. ファシリテーター

　筆者は、研修の冒頭で「皆さんは、今日、何を学びたいですか？」と参加者に尋ねることがときどきあります。そうすると、ほとんどの場合、みんなポカンと口を開けて、返事が返ってきません。「何もないのですか……。だったら私は不要ですね。では、今日は失礼します」と帰りかけると、ようやく言っていることの意味が分かるようです。

　多くの人は、研修というと、「何かを教えてもらうもの」（消費するもの）と勘違いしています。まるでテレビの娯楽番組を見るかのように受け身になり、「自分から学ぶもの」であることを忘れているのです。「みんなで学び合うもの」（生産するもの）だということに気づいていないのです。

　「教える」ことを目的とした研修を進める人を**インストラクター**（講師）と呼びます。学ぶべきことは講師が決め、それを1人ひとりに習得させていきます。多くの場合、主体性も相互作用もそれほど高くありません。

　それに対して、みんなの**学び合い**を促進するのがファシリテーターです。参加者が学びたいことが学べるように支援していくのです。学ぶべきものが分からない人や、学び方が分からない人には、それを見つけるお手伝いをします。しかもそれを、ファシリテーターから参加者への働きかけだけではなく、その場の相互作用の中から生み出していきます。

学び合いの場を支援する

　この話は生け花にたとえると分かりやすいかもしれません。

　花の色や形は、それぞれです。素直な枝もあれば、クセのある曲がった枝もあります。使いづらい花も捨てることなく、どの花をどう生ければそれぞれがもっとも活きてくるかを考えていきます。そうやって生み出された空間（場）そのものが生け花であり、その空間（場）によって花が生きてきます。

　研修もまったく同じです。能力ややる気が高い人もいればそうでない人も集まります。人それぞれ個性や価値観も違います。それはファシリテーターの意のままになるものではありません。

ファシリテーターができるのは、その持ち味を余すことなく発揮できる場をつくることです。互いの個性を響き合わせて、大きなハーモニーをつくることです。そうすれば、場から深い学びは生まれてきます。これこそが学び合いであり、ファシリテーターはそれを促進しているだけなのです。
　したがって、ファシリテーターがおこなう研修は、インストラクターがやる研修のような予定調和には決してなりません。場に応じて、臨機応変に研修を組み立てていって初めて、素材の味が引き出せます。予期せぬことから自在に気づきや学びを引き出すのがファシリテーターの役目です。
　さらにいえば、ファシリテーターも場の一要素です。ファシリテーター自身が変わっていく（＝学んでいく）ことが参加者への支援を促進させ、参加者の学びを深めていきます。
　ファシリテーターは元来「支援者」「促進者」と訳されます。まさに、この支援こそが、これからの教育研修の場において、私たちがもっとも身近に置いて向き合っていきたい大切なあり方であり、考え方なのです。

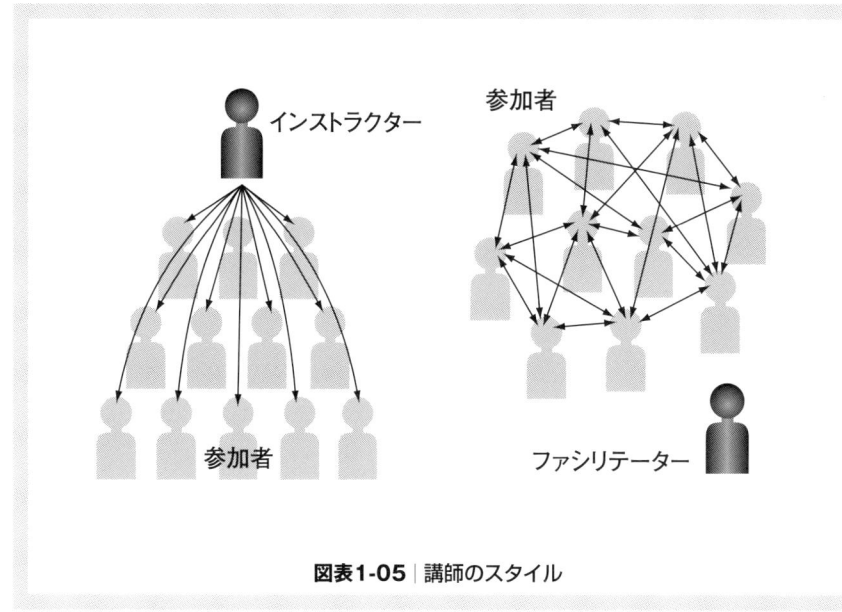

図表1-05 ｜ 講師のスタイル

3つのスタイルと9つの学習法

　ファシリテーターは、今の組織に求められる学び合いの場をつくるため、先に述べた3つの研修スタイルを組み合わせて使います。名づけて**マルチスタイルメソッド**です。

　参加者に一定の知識を伝えることが必要だったり、モデル（見本）を見せて習得させる必要があるときは、知識伝達型を取ります。参加者は、**レクチャー**を通じてそれを吸収したり真似をすることで自分のものにしていきます。参加者の目線で学習方法をいえば、①**聴く**、②**見る**、③**考える**、になります。

　また、ある程度テーマに関して経験のある人がいれば、問題解決型を使います。講義ではなく**ワークショップ**を通じて、学習を引き出していきます。あるいは、全員が同じ協働体験をする中で、相互作用を起こし、新たな学びをつくり出していきます。学習方法としては、④**話し合う**、⑤**体験する**、⑥**創作する**、が主体となります。

　さらに、省察型を用いて、自分を振り返る場として研修を活用していきます。内省と対話を通じて自分自身を振り返り（**リフレクション**と呼びます）、何を学ばないといけないかを学んでいきます。研修のテーマに対する考えや思いを、⑦**分かち合う**、⑧**内省する**、⑨**深め合う**、ことになります。

組み合わせて使えば相乗効果が高まる

　さらにこれら3つを使い分けるだけではなく、組み合わせていきます。そうすることで互いの相乗効果が生まれ、ダイナミックな研修になります。

　たとえば、最初は参加者の知識を高めるためにレクチャーから入ります。一通りスライドや板書を使って説明したあとは、参加者に投げかけて軽く対話をして理解を深めます。一方的な講義にならないよう、対話をうまく舵取りすることが大切です。

　それが終わったら、次はワークショップです。レクチャーで習ったことを深めるためのグループワークをやります。よくあるのは、自分の経験や資源を引き出す話し合いをしたあとで、互いの考えをぶつけ合い、最終的には協働作業

を通じて何かの形でまとめていく流れです。

そして、最後はリフレクションです。今までの研修を通じて感じたこと、思ったことを振り返り、自分の今までの経験と照らし合わせて、その意味を見い出していきます。互いにフィードバックしたり、講師からフィードバックをもらいながら、さらに深めていきます。そこで得たものが、研修の一番のお持ち帰りとなります。

いま説明したのがレクチャー（L）→ワークショップ（W）→リフレクション（R）とつなげるLWR型です。その例を次ページで紹介しておきます。その他にも、ワークショップから始めたり、リフレクションから始めることもできます。詳しくは第2章で説明します。

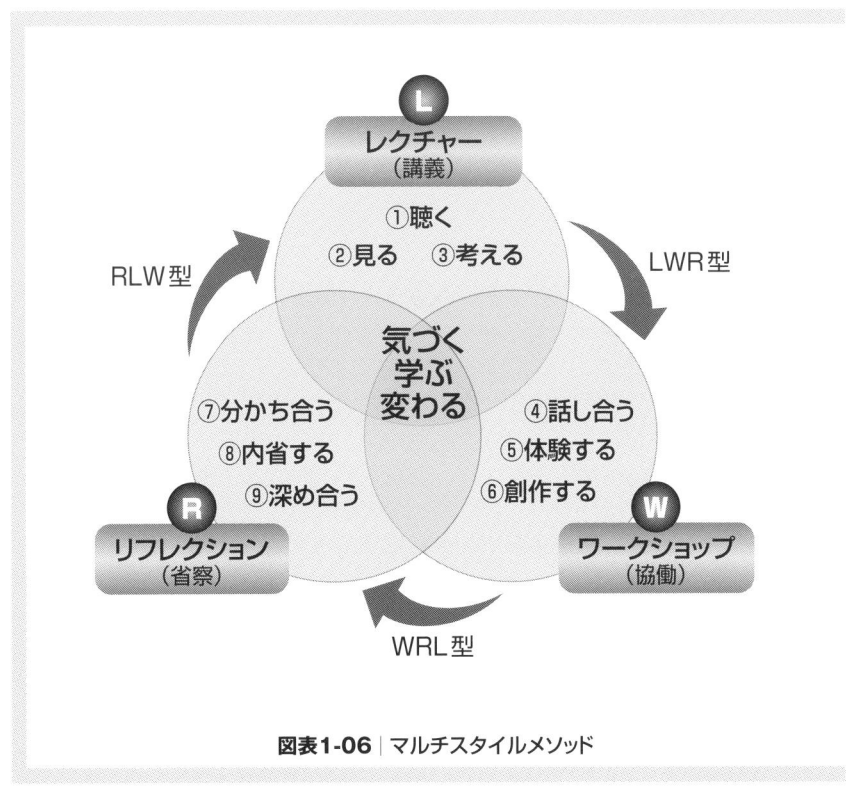

図表1-06｜マルチスタイルメソッド

ワークショップ型のチームリーダー研修

- ●タイトル　　　第23期チームリーダー研修（新任係長研修）
　　　　　　　　〜活気あふれる組織づくりを目指して〜
- ●時間／場所　　6月13日（土）9:00〜17:00　旧K市公会堂　大会議室
- ●対象／人数　　F社新任係長　約40人
- ●ファシリテーター　社内講師（人材開発担当課長）

●背景と目的

　従来の新任係長研修は、課長級が社内講師となり、マネジメントの基礎を座学で教えたあとに、理解度を深めるためのグループ討議やテストをするのがお決まりのパターンでした。ところが、そんなやり方では今のビジネス環境に即応できる人材が育成できず、自律型人材を求める現場のニーズとも乖離していました。

　そこで今回は、新たに「チームリーダー研修」と銘打って、参加者同士の対話の中から係長として必要なスキルやマインドを発見していくスタイルをとることにしました。あわせて、この機会を利用して、互いが抱える問題を語り合うことで、全国の係長同士のネットワークづくりとチームを引っ張るモチベーションを高めることを目的としました。場所も、レトロな公共施設を借りて、非日常性を演出しました。

●プログラムデザインのポイント

　プログラムとしては、講義→ワークショップ→振り返りと回すパターンを、午前と午後の1回ずつとることにしました。前半戦は、係長として大切なことを発見するのが狙いです。後半戦は、チームをまとめていくスキルを学びながら、自分のビジョンや役割を見つけ出すことを目的としました。

　プログラムは全般的に、受け身にならないような工夫を凝らしています。講義をするにしても、一方的に話をするのではなく、実際に起こったことを題材にして、「そのときあなたならどうする？」を考えさせ、参加者同士で議論するようにしています。講義のあとにも学んだことを深める話し合いの時間を入れています。

　研修のメインディッシュは、午後にやるビジョンづくりのワークショップです。ビジョンづくりの手法を学ぶと同時に、自分の振る舞いについてフィードバックを受けて、自分を見つめてもらうことを狙いとしています。これこそが学び合いです。

　また、研修前には事前学習として自分を振り返るアンケートを実施し、事後学習としてはリーダーシップに関する入門書を渡すようにしました。

●研修プログラム

	時間	狙い／課題	活動内容	場／準備
1	9：00 （15分）	オープニング	・流れ（ゴールとプロセス）の説明 ・チェックイン：今日何を学びたい？	アイランド型
2	9：15 （60分）	マネジメントの 基本を学ぶ	・講義：チームリーダーの役割 　→事例をもとに参加者と討議 ・講義内容を深める	パワーポイント 討議用ケース
3	10：15 （60分）	チームの意味を 考える	・グループ討議 　「元気なチームをつくるのに大切なものは？」 　→親和図法で整理する	6人1グループ 模造紙、付箋 問いを書き出す
4	11：15 （45分）	係長の役割を 明らかにする	・係長の役割を紙に書き出す ・同じ考えの人同士が集まってまとめ ・プレゼンテーション→振り返り	A4用紙 回遊して仲間を 探す
			（昼　食）	
5	13：00 （60分）	チームづくりの スキルを学ぶ	・講義：チームづくりのスキル 　→スキルのセルフチェック ・参加型の質疑応答	アイランド型 チェックシート A4用紙
6	14：00 （120分）	ビジョンづくりを 体験する	・グループ討議 　「チームとしてこれから目指すこと」 ・創作（未来新聞） 　「5年後に一面を飾るとしたら？」 ・発表：バザール 　→自由に歩き回って対話をする	4～8人で1グ ループ 模造紙 カラーペン
7	16：00 （45分）	これからの行動 を考える	・今日学んだことを1人で振り返る ・チーム行動についてフィードバックを受ける ・私の行動宣言 　→励ましの拍手を贈る	振り返りシート 1人ずつ立って 発表
8	16：45 （15分）	クロージング	・ミニ講義：今後のスキルアップ ・チェックアウト	サークル型

●研修の様子

講義の模様

午前も午後もレクチャーから始まります。パワーポイントを使って説明をしましたが、スライドのプリントをそのまま渡すことはせず、レジュメにポイントを書き込んでもらう方式を取りました。そうすることで、参加者の集中力を持続させられます。

グループ討議

午前中のグループ討議では、意見を出しやすくするために親和図法を使いました。意見の相違点が分かりやすくなると同時に、まとめていく過程で「みんな同じことを考えているんだ」という共感が芽生えてきます。

仲間探し

ランダムに分けたグループで意見をまとめると、平均的な結論に落ち着くという欠点があります。そうならないよう、同じ考えの人同士が集まって、意見をまとめることにしました。歩き回って仲間を探すことで、研修に動きを出すという効果もあります。

新聞づくり

数あるチームづくりの手法の中で今回は「未来新聞」に取り組みました。5年後に自分のチームが新聞の一面を飾るとしたら、どんな記事になるかを考えてもらったのです。どのグループも大いに盛り上がり、可能な限り、時間を延長して取り組んでもらいました。

そのせいで、1グループずつ発表する時間がなくなり、バザール型で分かち合いと質疑応答をやりました。結果的にはそのほうがよく、会場中を歩き回っての、熱心なやりとりが続きました。ファシリテーターもグループごとにフィードバックをして回りました。

バザール

賑やかな雰囲気から一転して、静かに振り返りです。個人でしっかり振り返ってもらってから、グループで振り返り、同時に他のメンバーからフィードバックをもらいました。ファシリテーターはその様子を見守りながら、必要に応じて振り返りの手助けをしていきました。

振り返り

最後の行動宣言では、1人ひとりが明日に向けての熱い思いを語り、それに対して全員から温かい拍手が贈られました。なかには感激のあまり涙ぐむ人も。単に知識やスキルを学ぶだけではなく、チームの素晴らしさを身をもって体験をした1日でした。

行動宣言

●参加者の声

　研修後の懇親会では、「自分のするべきことが発見できてよかった」「遠くから参加して心細かったが、みんなと話し合えたのが何よりの収穫だった」「習ったことを、すぐに職場で実践してみます」「ウチの課長もぜひこの研修を受けてほしい」といった声が聞かれました。
　なかには、「職場を元気にするプロジェクトを起こそう」「勉強会でも始めないか」という話もなされていました。今回の学びを研修だけに終わらせず、具体的な行動に結びついていくことが大いに期待できます。

※本事例は加留部貴行と徳田太郎氏の研修をもとに作成しました。

多岐にわたるファシリテーターのスキル

こんな研修を進めるためには、ファシリテーターに多彩な役割が求められます。

あるときは参加者に必要な知識を伝え、あるときはワークショップの舵取りをする。課題と参加者に応じて、さまざまな役割を使い分けなければいけません。いわば、マルチスキルを持ったファシリテーターです。

ファシリテーターに求められるスキルは、研修の企画段階に必要なものと、研修当日に必要なものとに大きく分けられます。

前者は、コンセプトメイキング、チームデザイン、プログラムデザイン、ロジスティック（準備）、事後のフォロー計画などがあり、第２章で紹介していきます。

後者は、アクティビティの使い方、インストラクション、観察と場のホールド、発問、フィードバック技法などがあり、第３章以降で３つのスタイル別に説明をしていきます。

また、これらのスキルのもとになるのは、コミュニケーションのスキル（ヒューマンスキル）です。本書では特に取り上げませんが、話す、聴くといった基礎的な技術は一通り身につけておかなければなりません。

スズメの学校からメダカの学校へ

これらのスキルと同時に、ファシリテーターで大切なのは、場への関わり方（姿勢）です。

何より、参加者とのコミュニケーションにおいては、１人ひとりの個性や価値観の多様性を認め合うことが肝要です。ファシリテーターが聴き手に回ってまずは受けとめ、相手にその場にいる安心感を与えます。それが自由活発な発言を誘い、学ぼうという意欲と姿勢を高めてくれます。

さらに、それぞれの思いや考えを分かち合うことを促進し、お互いの存在を認め合う意識や感謝の気持ちを育んでいきます。そうやって生まれた存在への認知ほど人と人をつなぐものはありません。

研修は、個人では学べないことを、わざわざ集まって交流しながら学ぶ場です。それは、対話の中でぶつかり合い、お互いの違いを知ることで自分の壁を知り、新しい自分を発見していくことを意味しています。

　先生という名の特定の誰かがムチをふる「スズメの学校」から、誰が先生か生徒か分からず、互いに支え合う「メダカの学校」へ。そんな場が自律的に生まれてくるように促すのがファシリテーターの大切な役目です。

研修を通じて組織を変えよう！

　こういったスキルやマインドは、人材開発の担当者や教えることを生業とする人だけが持つものではありません。今や、ビジネスパーソンに必須のものといっても過言ではないでしょう。

　「人を育てる」という行為は、組織や集団に属するすべての人が関わる仕事です。経験者が未経験者を教えることを通じて、さまざまな形式知や暗黙知が伝承されていきます。また、その行為を通じて、経験者自身も育っていきます。まさに教えることは学ぶことでもあるのです。

　それに、多くの企業が教育研修費を削減した今、社内講師のお鉢がいつ回ってくるかもしれません。そんなときにあわてないためにも、こういったスキルは最低限身につけておきたいものです。

　加えて、前に述べたように、もはや研修は教育のためだけにやるものではありません。人と人をつなげ、やる気と元気を高め、新たな一歩を踏み出すキッカケをつくるものです。組織開発の重要なパートを担っており、「学習する組織」をつくるために欠かせないものです。

　必要な知識とスキルを習得すると同時に、学んだものを使って組織のビジョンをつくったり、具体的な問題を解決する。そんな人材開発と組織開発を融合した研修も多くの企業で実践されています（実例は第6章で）。また、そこまでやらないと、本当の意味での「身につく」「役に立つ」研修にならないのではないでしょうか。

　いうならば、教育研修ファシリテーターとは、自分を変える、組織を変える、社会を変える活動を支援・促進をする人です。チェンジエージェントであり、

ネットワーカーであり、ラーニングデザイナーなのです。まさに、変革のキーパーソンであることを肝に銘じておくようにしましょう。

Column 1　「自発性」を支援する

　ボランティアの語源であるラテン語の「volo」という動詞には「喜んでする」という意味があります。ところが、この「volo」という動詞にはラテン語の中で唯一、命令形がありません。つまり、「喜んでしろ！」という発想はないのです。つまり、誰かから言われなくてもやるので「自発性」であり、好きでやっていて償いを求めないので「無償性」という特徴を持っているのです。

　ちなみに、「volo」には親戚のような動詞として「malo」と「nolo」があります。「malo」には「仕方ないけどやる」、「nolo」には「いやいややる」という意味があり、どちらも命令形が存在するそうです。教育研修の現場では、「volo」と「malo」と「nolo」、どれが多いのでしょうか。

　この「喜んでする」という状態をつくり出すためには、一方的に押しつけて指示命令をするのではなく、相手に対して「待つ」「促す」「励ます」という心構えが必要です。最初は「malo」や「nolo」であったとしても、目指すは「volo」の状態です。1人ひとりが持つ自発性を大いに支援していきましょう。

　また、人は自発性を発揮している人を見ると、自分も自発性を発揮しようと思うものです。自発性が自発性を促進させるわけです。そんな自発性と自発性が共鳴し合うような場をつくるのがファシリテーターの大切な役目の1つです。

研修の成果は事前と事後で決まる

第 **2** 章　準備とフォロー

1 明快なコンセプトを つくる

あり方とやり方の両面で考えよう

　教育研修はやみくもにおこなうわけにはいきません。まず、最初にさまざまな角度からその研修の「あり方」や「やり方」を検討しておく必要があります。それが研修の**コンセプト**企画です。

　ところが、時間がない中で検討していると、「どのプログラムを使おうか」とやり方にばかり目が行き、あり方を端折ってしまうことがよくあります。しかし、ここのところは絶対に手を抜かないようにしてください。物事すべて、最初がまずいと、あとで苦労させられてしまいます。

Why：なぜ研修をするのか？

　研修の企画は5W1Hで考えると分かりやすくなります。

　まずは、一番大切なWhy、すなわち「なぜ研修をするのか」という**狙いや目的**です。これがすべての根源であり、あり方ややり方を考える際の基準となっていきます。目的がブレるとすべてがブレてしまいます。

　そのために、研修担当者を含めた主催側のしかるべき立場の方たちで対話を重ねることが大切です。これまでの経緯や現在の状況、これからの課題や展望などを交換し、そこに隠されている思いや背景を十分に引き出して、理解を深めていくのです。

　また、その内容はファシリテーターだけでなく、意思決定者、実際の運営メンバー、当日のスタッフもしっかり共有しないといけません。そのときに、主催者だけではなく、参加者の視点も忘れないようにして、目的の個別性や共通性についても検討していきます。

要するに、研修をおこなう意味（意義）や理由をみんなで一緒に考えるのです。その根っこの部分が曖昧だと、主催者が迷ってプログラムに一貫性を欠き、参加者からは「私たちはいったい何をさせられるのか」という疑問を投げかけられることになります。研修をおこなう意義を担当者が正しく理解していないと、目先の作業に追われてモチベーションも下がってしまいます。

研修の位置づけを考える

　そのときにあわせて検討してほしいのが、研修の**位置づけ**です。研修は、個別のプログラムがただ単にバラバラに存在するわけではありません。1つひとつのプログラムはもっと大きなプロセスの中にあります。組織内の1人ひとりに役割があるように、そのプログラムにも組織内のさまざまな大きな体系の中での役割（位置づけ）があります。

　たとえば、経営計画や人材育成計画、商品開発や各種プロジェクトの遂行、新しい制度への対応や新規事業への進出などなど。何らかの大きな目的を持つ活動の下に、その目的を達成する手段の1つとして個別の研修が存在します。部門別研修や階層別研修はその典型です。

　つまり、大本となる体系における目的をきちんと把握していないと、個々の研修そのものが意味のないものになってしまう危険性をはらむのです。個別のプログラムと同時に、大きな体系の中での位置づけをデザイン（設計）することも必要だということを忘れないようにしましょう。

Who：誰に対して研修をするのか？

　次はWho、すなわち研修の**対象者**です。階層別の研修なら対象者は明らかです。全部門対象の研修や選択型（手上げ式、カフェテリア方式）の場合は、対象者を絞ることで狙いが実現しやすくなったり、レベルがそろいやすくなることがあります。部門内の研修にしても、全員集めるのか、主任・係長以上とするのか、若手対象とするのか、ターゲットを決めておかなければなりません。

　詳細はあとで詰めるとしても、大まかな対象者は早い段階で絞り込んでおか

ないと、研修のコンセプトが定まらなくなってしまいます。おおよその人数もこの段階で見積もっておきます。

What：研修で何を目指すのか？

狙いと対象者が決まったところで、**ゴール**（目標、到達点、成果物）を考えます。ゴールが見えないと、主催者も参加者も何を目指せばよいか分かりません。参加者にどこまでやってほしいのか、どこにたどり着いてほしいのか、何を伝えたいのかを考えておく必要があります。

それに、プログラムづくりで関係者同士がもめるのは、ゴールがすり合っていないケースが大半です。参加者、講師、事務局など、研修に関わる全員が1つのチームになるには、ゴールの共有が決め手になります。

ゴールとしては、「○○○ができるようになる」「△△△を理解する」といった学習目標を掲げるのが一般的です。あとで到達度を測るには、なるべく定量的に表現するほうがよいのは言うまでもありません。

研修によっては、「ビジョン」「行動計画」といった目に見える成果物をゴールにすることもあります。「次のステップへの動機づけにする」「互いの思いを分かち合う」といった目に見えない成果もあります。

その上で、「みんなが明るい気持ちになる」「笑顔で声をかけながら帰っていく」などといった、終了時のイメージをゴールとして明文化しておくとよいでしょう。たとえば、こんな感じです。

1) 気づいて納得させる 「なるほど！と思った」

知識やスキルをお腹一杯に詰め込むと、食傷気味になってしまいます。一方的に詰め込まれ「あれもこれもでは、どれもできない」「もういいや…」と、諦めムードを起こすようなストレスをかけるのは禁物。自らが取り組んで気づいていく本人の自発性を支えていくようにしましょう。

2) 前向きに元気になる 「もう少し学びたい！」

腹八分目で抑えておくと「おかわり！」と言いたくなるような気分になります。

「よし、もう少しやってみよう」という明るい前向きの意欲を湧かせることが大事です。そのためには、プログラムの組み立て方やボリューム、素材の選び方、時間の過ごし方などをしっかりと考えていきましょう。

3）やる気を伝染させる 「よしやってみよう!」

腑に落ちて元気になって戻れば、職場の人たちが少しずつ話し始めます。職場への伝染を勘案し、「また研修に行こう」「誰か他の人に行ってもらおう」という気にさせることは大事です。コンテンツが口コミで広がって独り歩きし始め、体験がつながっていくことで組織風土づくりにもつながっていきます。

When：いつ研修をやるのか？

おおよそここまでできたら、5W1Hの残り半分、When、Where、Howを考えていきます。Whenとは、研修を実施する日取りと研修に要する時間や日数です。

まず、準備の都合と対象者の集まりやすさを考えて、研修の開催日を決めます。研修に要する時間は、半日でいけるのか、1泊2日かかるのか、ゴールを達成するのに必要な時間から見積もります。これは過去の経験から判断するしかありません。それに、参加者への負担（拘束時間）や予算などと、制約条件と照らし合わせて決めます。

ときには1回の研修では消化しきれない場合もあります。その場合は、連続の研修として、各回の開催日と時間を大まかに見積もり、それを軸に調整をかけていきましょう。

Where：どこで研修をするのか？

Whereとは、研修を開催する場所です。研修センターや研修ルームといった、あらかじめ決められた場所があるなら、人数に応じた場所を確保するように働きかけます。

決まった場所がない場合は、どんな場がよいのか、そのイメージや必要条件

をすり合わせておき、あとで場所取りに動くことになります。場所が変われば研修の雰囲気が変わり、盛り上がり方も変わってきます。狙いやゴールを実現するのに最適な場をつくらなければなりません。これも詳細はあとで述べることにします。

How：どんな研修をするのか？

　最後の、How、つまりゴールを達成するための研修のやり方です。まずは大まかな方針だけ決めておいて、あとの研修プログラムづくりのところでじっくりと練り上げていきます。

　この段階では、講義を中心でいくのか、グループに分かれてのワークショップをメインにするのか、大まかなイメージをすり合わせておくことが大切です。そうしないと、人数、時間、場所など決まらないからです。

　あわせて、外部から講師を呼ぶのか、内部でまかなうのか、プログラムをまったく新しくつくるのか、以前やったものをアレンジするのか、プログラムを検討する上での指針も決めておきます。

　参考に少し述べると、外部（プロ）講師は、専門知識や教育の技に長けており、客観的な視点から参加者の知識やスキルを判断できます。社内の人間で気がつきにくい組織全般の問題点や個人的な資質について辛口でズバリ指摘できます。反面、研修が一般的な内容になりがちで、社内の問題に直接フィットする研修になるとは限りません。

　それに対して、社内講師は、社内の事情に精通しているので業務に直接役立つ研修ができ、教えることが講師自身の人材育成にもつながります。ところが、人間関係の配慮からどうしても遠慮が出てしまい、下手をすると参加者の抑えが利かなくなる恐れもあります。要するに、どちらも一長一短があり、テーマと参加者の特性に応じて使い分けるしかありません。

研修のタイトルを仮決めしておこう

　これら5W1Hがそろったら、一通り研修のコンセプトは企画できたことに

なります。最後に、仮置きでよいので、研修のタイトルをつけておくことをお勧めします。なぜ、この段階でタイトルをつけるかというと、それによってイメージが共有しやすくなり、あとでブレることが少なくなるからです。

たとえば、リーダーシップに関する研修をやるにしても、「リーダーシップ研修」「リーダーシップ力強化コース」「リーダーシップ入門編」「リーダー育成セミナー」「変革型リーダー養成講座」「リーダーズ・ワークショップ」など、タイトルによってずいぶん印象が変わります。正式には、告知のとき考えるとして、タイトルを仮置きして、しっくりくるかどうかを検討してみましょう。

これで研修のコンセプトは完成です。あとは必ず図表2-01のように文章にしてまとめておきましょう。

強いチームをつくる 「リーダー育成セミナー」

Why(狙い) なぜここに集うのか?
チームの活性化について、じっくりと考えてもらうために

Who(対象) どんな人が?
30代の中堅社員
(係長・主任級)が

What(ゴール) 何を目指すのか?
チームにおける自分の役割を見つめ直し、明日からの行動を起こすヒントをつかむ

When(時期) いつ?
今年度上期中
(6〜7月)

Where(場所) どこで?
人材開発センター
の研修室

How(方法) どうやって?
対話を中心にした
ワークショップで

図表2-01 | コンセプトのまとめ

2 研修の構成と流れをデザインする

研修を構成する3つの要素

コンセプトができたら、研修の3つの基本要素をデザインしていきます。

1）チーム

参加者が主体性と相互作用を兼ね備えた1つのチームにならないと研修になりません。そのために大切なのが、すでに述べた研修のコンセプトに加えて、参加者と場（環境）です。研修を演劇にたとえるとしたら、どんな役者をどんな舞台に立たせるかです。

2）プログラム

素晴らしいチームをつくれば、極端にいえば、何もしなくても自分たちで学んでいきます。とはいえ、いつもそうなるとは限らず、どんな人が参加しようが、一定の時間の中で、一定の成果が出るようにしなければなりません。そのために欠かせないのが台本（シナリオ）、つまり研修のプログラムです。

3）ファシリテーター

素晴らしい役者と立派な台本がそろったら、研修は当初の目的を達成することができるはずです。ところが、現実にはシナリオ通りにはいかず、その場で臨機応変に対応していかなければならないことが少なくありません。それが、演出家、すなわちファシリテーターの役割です。

ここでは、事前に検討が必要な1）チームと2）プログラムについて述べていきます。3）ファシリテーターについては、第3章以降で、プログラムづくりの詳細な説明とともに解説していきます。

■参加者を事前に把握しておく

　チームをデザインする最大の要素は、いうまでもなく参加者です。残念ながら、多くの研修では、企画側が自由に参加者を選べるわけではありません。とはいえ、どんな人が参加するのかを事前に把握をして、チームやプログラムづくりに役立てていきましょう。

1）参加者の属性や資源をつかむ

　最低限つかまなければいけないのが、性別、年齢、部署、役職、キャリアなどの属性です。あるいは、それに付随して、どんな能力、経験、資源を持っているかです。

　たとえば、管理職と現場の人たちとでは研修に対するスタンスもその場で発揮できるものもずいぶん違います。自由参加の研修では、さまざまな人たちが混在し、多様な言葉があふれかえります。日頃から可能な限り多くの人たちと交流して、良い意味での人に対する知見や免疫を持っておくことが大切です。

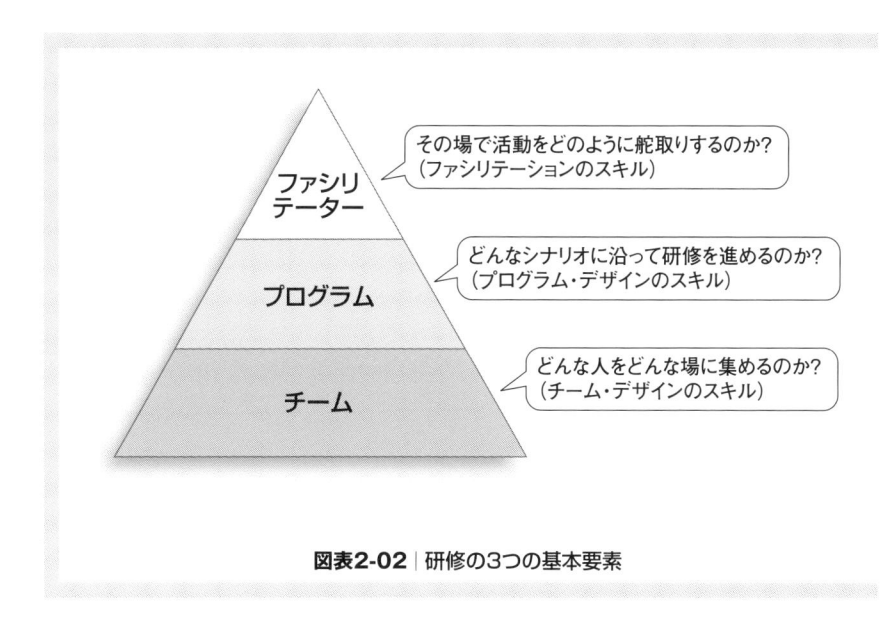

ファシリテーター — その場で活動をどのように舵取りするのか？（ファシリテーションのスキル）
プログラム — どんなシナリオに沿って研修を進めるのか？（プログラム・デザインのスキル）
チーム — どんな人をどんな場に集めるのか？（チーム・デザインのスキル）

図表2-02 ｜ 研修の3つの基本要素

2）参加の経緯や動機を把握する

　一番よいのは、参加者1人ひとりが何を学ぼうと思って来ているかを調べることです。少なくとも、自発的参加なのか強制的な参加なのかは、把握していたほうがよいでしょう。

　研修をぶちこわす問題児がいるかどうかも、事前に分かっていれば対処がしやすくなります。ときには、参加者同士の人間関係や部門間の対立を引きずったまま場に居合わせ、他の参加者から煙たがられることもあります。そんなことがないかも事前に調べられたら、いろいろ手が打てるはずです。

3）参加者の個性や傾向をつかむ

　ノリのよさ、積極性、自己主張の強さ、論理派／感覚派、社交的／内向的、支配的／民主的など、参加者の大まかな傾向が分かると、あとの組み立てがしやすくなります。

　とはいえ、参加者の反応は人それぞれ。人間10人寄れば、すごい人が2人、とんでもない人が2人、そして、まあまあの人が6人という「2-6-2の法則」もあります。要するに、必ず期待できるところと多少は諦めなければならないところがあるわけで、あまり大げさに一喜一憂しないことです。

■ 違いを活かすための配慮

　これらが分かった上で、あわせて気をつけたいのが、コミュニケーションへの配慮です。

　参加者は多様な要素、つまり「違い」をたくさん持ち合わせています。たとえ属性や境遇が似ていても、個人として抱えている状況にはさまざまな違いがあります。思いもかけない違いが研修の流れを変えることもあります。参加者同士、あるいは講師と参加者が十分にコミュニケーションがとれていないと、せっかくの違いが活かせなくなってしまいます。

　たとえば、参加者の年代の違いは、そのまま価値観、受け取り方、スピード感などの違いに直結します。資料の文字の大きさ、話すスピード、使う言葉やたとえの選び方、時代背景への理解など、本人が不快にならない状態にしてあ

げる配慮が必要です。

　言葉もそうです。言葉が理解できず、通じていなかったとしたら、何も伝わっていないのと同じです。カタカナ用語、略語、専門用語の使用にあたってはきめ細かい配慮が必要です。ときには言葉の通訳や解説も織り交ぜてあげることを考えていきましょう。

　それと忘れてならないのが障害です。聴覚、視覚、身体などに障害を抱えている方は少なくありませんが、学ぶことについては皆同じチャンスを持っています。事前にどのような支援を求めているのかを打ち合わせ、他の参加者とのバランスをとるようにしましょう。しかし、過度なケアは、かえって本人のプライドややる気を傷つけることもあり、注意が必要です。

研修にふさわしい空間をつくる

　チーム・デザインの２つめの要素は、場、すなわち**空間**です。せっかく準備を重ねても、会場が狭くて圧迫されたり、暑かったり寒かったりで集中できなかったら良い研修になりません。参加者が気持ちよく、かつ効率的に学習に取り組むことができるよう、空間づくりのポイントを紹介します。

　まずは部屋選びです。広すぎず、狭すぎず、人数や目的に応じた空間を確保します。たとえば、動きのあるプログラムであれば、動けるだけの空間が確保でき、机やイスは可動式でなければいけません。模造紙を使うのであれば貼り出す壁があり、テープで貼ってもよいかどうかの確認がポイントになります。

　これらのチェックは、可能な限り現場でおこないます。それが困難なときは、会場の配置図や図面などの資料を手に入れたり、会場の写真を送ってもらったりします。壁の色や部屋の明るさから、窓の有無や天井の高さ、温度や備品に至るまで、部屋のおおよその雰囲気をつかみ、変えられること変えられないことを判断して、対応を考えます。どうしても目的に合わない場合は、部屋を変更するか、会場の条件に合わせて中身を変更することもありえます。

■ レイアウトを使いこなす

　部屋が選べたら、次はその部屋をどう使うか、座席のレイアウトです。一般的にレクチャーでは、スクール型やシアター型、ワークショップではアイランド型やラウンドテーブル型、リフレクションではサークル型やバズ型が使われることが多くなります（図表2-03参照）。

　といっても、研修の最初から最後まで同じレイアウトで進めるとは限らず、プログラムや参加者の状況によって、場を積極的に転換させていきます。

1）スタイルを変えるとき

　たとえば、スクール型で講義をやって、アイランド型でグループワークをやり、サークル型で振り返るというように、スタイルが変わるたびにレイアウトを変えます。そのときに参加者に手伝ってもらうのも方法です。運営側が助かるのはもちろん、単純な共同作業にもなり、仲間づくりに役立ちます。

2）一気に距離を縮めたいとき

　縦長の部屋の場合、先頭と最後尾ではファシリテーターからは距離がとても離れてしまい、顔も見えないような場合があります。そのときは部屋を横長に使い、一気にその距離を縮めることができます。

3）親和性を演出したいとき

　空間配置上、参加者同士の親和性を演出しやすいのは横並びの座り方です。この連続形が「円」になります。円は上下関係をつくらないスタイルといわれており、「車座になる」というイメージで転換してみましょう。

4）落ち着かせたいとき

　だだっ広い空間で落ち着かないというときは、パーテーションで仕切って空間を狭くすれば、集中力が増して落ち着きを取り戻しやすくなります。いっそのこと、参加者にどのようにしたいかを投げかける方法もあります。

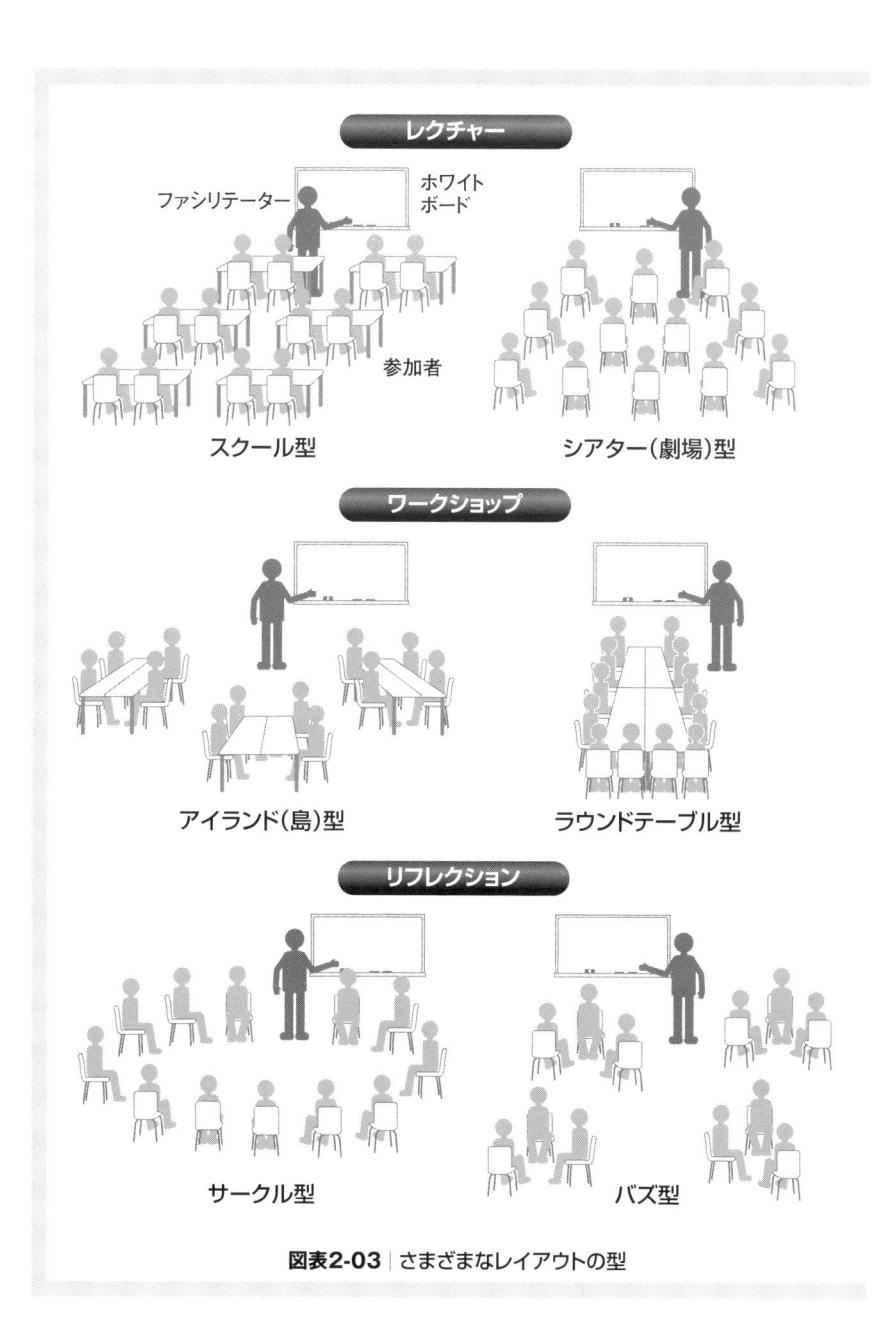

レクチャー

ファシリテーター　ホワイトボード

参加者

スクール型　　　　シアター(劇場)型

ワークショップ

アイランド(島)型　　ラウンドテーブル型

リフレクション

サークル型　　　　バズ型

図表2-03 さまざまなレイアウトの型

■ レイアウトを調整する

　その部屋における正面は、必ずしも部屋の設え通りにしなければならないというものではありません。参加者からは、ホワイトボードやスクリーンの位置が正面と捉えられ、ファシリテーターが立つ位置がそのときの正面となります。ただし、可能ならば、出入り口のある面を正面とするのは避けておきましょう。

　参加者の視点に立ってファシリテーターの立ち位置や参加者の視野の感覚を確認してみましょう。ファシリテーターと参加者の双方から見て、部屋の広さや障害物による死角がないかをチェックするのです。実際に会場内を歩き回ってみたり、いくつかの席に座って確認することが肝要です。そうすれば、会場の設えの特性を実感としてつかめます。その上で、必要に応じて机やイス、備品などのレイアウトを調整していきます。

　可能な限り、参加者とファシリテーター、そして参加者同士の距離感は縮めるように工夫します。ポイントは、お互いにアイコンタクトをとれる状態にあるかどうかです。顔が見えない空間配置になると相乗効果を生み出しにくく、表情などの**非言語メッセージ**（ボディ・ランゲージ）も届きにくくなります。フェイスtoフェイスの空間づくりを心がけましょう。もちろん、動きがある場合はゆったりとした空間を確保することが優先となります。

　また、マイクを使う場合は機材の調整でどうにでもなりますが、地声で話す場合は、自分の声の特性（大きさ、高低など）を知った上でアイコンタクトと同様に距離の調整をおこないます。

■ 場を転換して、気分を転換する

　長時間の研修になると参加者も疲れて眠くなってしまうことがあります。そういうときは、場の転換を通じて、参加者の気分を転換してあげましょう。

　まずは照明です。気分を高揚させたいときは明るさを増し、落ち着いて取り組んでもらいたいときは暗めにするなど、照明によって場を切り替えていきます。また、部屋によっては時間の経過にともなって、太陽の日の入り方が変化してきます。カーテンの開閉など、こまめに調整しておくことが得策です。

空調も大切です。暑さや寒さは人それぞれに感じ方の違いがあります。ただ、室温を気にし始めると集中力が削がれる可能性が大です。ときどき参加者に尋ねながら、こまめな室温調節をするようにします。休憩時間に窓や扉を開放して空気を入れ替えるのも良い方法です。

　ときには、音楽も活用してみましょう。和やかさや高揚感を演出する雰囲気づくりのためにBGMはたいへん役に立ちます。始まる前や休憩時間に流すとより効果的です。逆に、外部の音が入ってくると気が散り、声が外に洩れていると感じると話に集中しにくくなります。防音の状況もときどきチェックしておきたいところです。

　また、アメやチョコレートなどのお菓子を食べたり、お茶を飲みながらの作業は楽しさと気楽さを導き出し、場を活性化します。全員に配るまでもなく、会場のどこかに気軽に手にできるセルフコーナーをつくっておけば十分です。気は心。ちょっとしたことですが、こちらの気持ちは伝わります。

　さらに、掲示物によっても場を演出することもできます。参考書籍などの日頃触れることのない情報や、配布するにはコスト面で難しい資料を会場内に展示します。情報コーナーと位置づけて休憩時間などに手にとって見ることができるようにしておくのです。席の配置と違うメンバーとの会話のきっかけにもなりますのでお勧めです。

図表2-04｜場の演出

3 研修プログラムを デザインする

研修プログラムの基本構成

　研修のシナリオにあたる研修プログラムは、大きく３つの部分から構成されます。それらをすべて検討して、最終的には図表2-06や2-07にあるような**プログラムシート**（レッスンプラン）にまとめます。

1）オープニング
　研修の狙いや進め方を共有し、参加者に全体像をつかんでもらいます。必要であれば、参加者同士の関係性を深め、必要最低限の知識をインプットします。いわば、以降の活動に備えてのウォーミングアップです。

2）プログラム本体
　まさに研修の要（かなめ）となる部分であり、講義、ワークショップ、振り返りを組み合わせて、目指す成果を生み出していきます。あとで詳しく述べていきます。

3）クロージング
　成果や学習を確認したり、研修のまとめをしたりする締めの部分です。締め方によって、終わったあとのスッキリ感が違ってきます。

オープニングとクロージング

　オープニングでは、研修の狙い、ゴール、進め方など、コンセプトで定めた5W1Hを参加者に伝えます。同時に研修の基本スタンス、つまり「今回は、参加型の研修であり、自分がインストラクターではなくファシリテーターである」

ことも伝えます。講師の自己紹介も大切な項目で、名前、仕事、経緯などを2〜3分で話せるようになっていなければなりません。

そしてもう1つ忘れてはならないのが**グランドルール**、すなわち研修で参加者に心がけてほしい約束事です。研修に取り組む姿勢や守ってほしいマナーや、会場を使用するにあたっての諸注意などがあります。

あらかじめこれらを用意しておかないと、伝え忘れが出てしまいます。手短にすませるよう努力はするものの、ある程度の時間をプログラムの中に確保しておかなければなりません。

一方のクロージングでは、当初のゴールが達成できたかどうかの確認、ファシリテーターからの感想やまとめ、研修後のフォローアップに関する連絡（後述）をおこないます。クロージングは流れ次第の部分もあり、あらかじめ用意するものはあまりありません。

いわゆるオチを最初から用意している人がいますが、ファシリテーターとしてはあまり感心できません。予定調和ではなく、その場で生まれたもので研修を組み立てるのがファシリテーターです。学んだことは人それぞれであって、無理にオチをつける必要もありません。

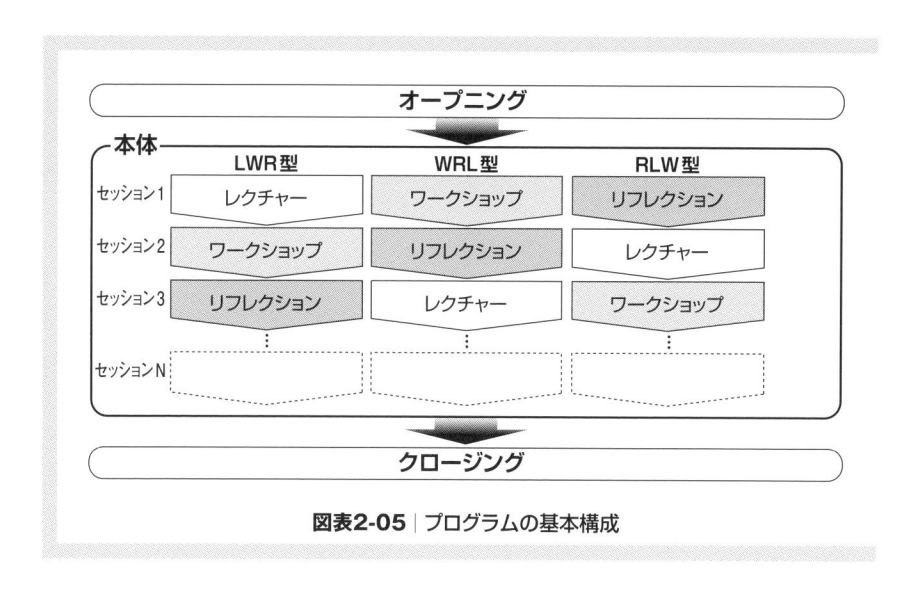

	LWR型	WRL型	RLW型
セッション1	レクチャー	ワークショップ	リフレクション
セッション2	ワークショップ	リフレクション	レクチャー
セッション3	リフレクション	レクチャー	ワークショップ
セッションN	...	...	...

（オープニング → 本体 → クロージング）

図表2-05 | プログラムの基本構成

3つのスタイルを組み合わせる

　本書では、講義、ワークショップ、振り返りを使い分けるマルチスタイルメソッドでプログラムを作成します。もう一度、復習をしておきましょう。

1）レクチャー（講義）
　講師が知識やスキルを言葉や映像などを使って伝達することで、参加者が学習をしていくスタイルです。

2）ワークショップ（協働）
　参加者がそれぞれの経験を持ち寄り、協働作業を通じて相互作用を起こし、学びをつくり出していくスタイルです。短縮してワークとも呼びます。

3）リフレクション（省察）
　内省と対話を通じて、参加者が自らを振り返り、何を学ばないといけないかを学んでいくスタイルです。

代表的な3つのプログラムパターン

　これら3つは単独で使ってもよいのですが、それぞれ一長一短があり、組み合わせて使うのが効果的です。研修の狙いや参加者の状況によって組み合わせ方が違い、代表的な3つのパターンについて順番に説明をしていきます。

1）講義（L）→ワーク（W）→振り返り（R）
　教育研修プログラムの王道ともいうべきものです。短時間で比較的大人数に対して、知識や必要事項をしっかりと伝えることが目的の場合によく使われます。
　初対面の人が多いなど、ワークショップに抵抗感のある人も、最初に講義があると入りやすくなります。あらかじめ必要な知識をインプットすることで、何をすればよいかも分かりやすくなります。

反面、最初に講義が入ると、いくら対話的にやっても場が硬くなるのは否めません。あとのワークショップが講義の内容に引っ張られることも多く、ワークショップが予定調和になってしまう恐れがあります。

　最後の振り返りでは、講義で得た知識とワークショップの体験で得たものを融合させて、学びを知識化していきます。どうしても振り返りが押し気味になってしまうので、あらかじめ十分な時間を確保しておく必要があります。

【応用例】
- 新しい制度やシステムなどに関する「導入研修」「キックオフ研修」
- 会社としてのメッセージを明確に伝える「管理職研修」「経営方針説明会」
- 参加者の意識の底上げを図る「環境教育研修」「国際交流研修」
- 外部からの話題提供者を迎えて事例から学ぶ「オムニバス研修」
- 初心者を対象とした「入門研修」

〈LWR型〉マネジメント研修

	時間	狙い／課題	活動内容	場／準備
1	10：00 (30分)	オープニング	・オリエンテーション ・トップからの訓話	スクール型
2	10：30 (90分)	マネジメントについて学ぶ(L)	・講義：マネジメントの手法 ・講義：リーダーシップの基本 ・質疑応答	パワーポイント
	（昼　食）			
3	13：00 (150分)	マネジメントを考える(W)	・アイスブレイク ・グループ討議（ダイアログ） 「管理職に求められるものは？」	アイランド型 模造紙
4	15：30 (75分)	マネジメントを振り返る(R)	・グループで振り返り 「どんな管理職を目指すか？」 ・グループ発表→個人で振り返り	模造紙 付箋 A4用紙
5	16：45 (15分)	クロージング	・質疑応答、まとめ ・チェックアウト	サークル型

図表2-06 | プログラム例（LWR型）

2) ワーク(W)→振り返り(R)→講義(L)

　いきなり知識を伝える前に、ワークで考えたり動いてもらったりします。そこで気づきを誘発し、やったことを振り返ったあとに、レクチャーで知識として押さえ、理解してもらうというパターンです。

　予備知識のないことを参加者にいきなり伝えても理解できません。そういうときは、少し頭と体がほぐれ、受けとめやすくなったタイミングで伝えるのが得策です。難解なテーマや日常から離れた内容を扱うときに効果的であり、体験を通じて具体から抽象へ昇華され、理解を助けることにつながります。

　また、事前にワークと振り返りという共通体験をしているので参加者同士の共有度も非常に高いです。しかも、レクチャーのあとの質疑応答で、質のでこぼこやトンチンカンな内容が出にくいという利点もあります。

　ただし、せっかくワークで気づいたことが、最後に講師が知識化することで予定調和になりやすいという欠点があります。常に参加者の状況に心を砕き、気づきというアウトプットを強く意識しなければなりません。

【応用例】
- 体験から気づきを誘発する「新入社員研修」「中堅社員研修」
- リアルな体験の中で学ぶ「防犯・防災研修」「リスクマネジメント研修」
- 新しいテーマに導いていく「大学での講義」「総合的な学習の時間」
- 多様な背景や立場を持つ人たちに共通認識を持たせる「協働研修」
- 新たな業務の現場を疑似体験する「直前研修」

3) 振り返り(R)→講義(L)→ワーク(W)

　参加者によっては、テーマへの興味や研修へのモチベーションが低いときがあります。あるいは、ダイバーシティのように、普段の生活では気づきにくいテーマを扱う場合もあります。そういうときは、自分の今までの経験を振り返り、そこでの気づきを研修の出発点にするのが得策です。

　そのあとで講義をすると、すでにレディネス（準備性）が高まっているので、スルスルと頭に入るようになります。具体的な解決策を知りたいという欲求も高まってきます。そこで、具体的な方法論を紹介して、あとのワークの部分で

〈WRL型〉マネジメント研修

	時間	狙い／課題	活動内容	場／準備
1	10：00 （30分）	オープニング	・オリエンテーション ・チェックイン、アイスブレイク	アイランド型
2	10：30 （120分）	マネジメントを 体験する(W)	・マネジメントゲーム（1回戦） ・作戦会議 ・マネジメントゲーム（2回戦）	アイランド型 ゲーム小道具 模造紙、付箋
（昼　食）				
3	13：30 （120分）	マネジメントを 振り返る(R)	・研修ゲームでの学びを振り返る ・グループ発表と質疑応答 ・日頃のチーム行動を振り返る	A4用紙 チェックシート
4	15：30 （75分）	マネジメントに ついて学ぶ(L)	・講義：最新マネジメント理論 ・事例に基づき講師と対話 ・トップからの訓話	スクール型 パワーポイント
5	16：45 （15分）	クロージング	・質疑応答、まとめ ・チェックアウト	サークル型

〈RLW型〉マネジメント研修

	時間	狙い／課題	活動内容	場／準備
1	10：00 （15分）	オープニング	・オリエンテーション ・チェックイン	スクール型
2	10：15 （105分）	マネジメントを 振り返る(R)	・ペアインタビュー 「最高のチームの体験は？」 ・グループで分かち合い	バズ型 質問シート
（昼　食）				
3	13：00 （90分）	マネジメントに ついて学ぶ(L)	・講義：最新マネジメント理論 ・講義：チームをまとめるスキル ・質疑応答	スクール型 パワーポイント
4	14：30 （135分）	マネジメントを 体験する(W)	・問題解決ゲーム 　→習ったスキルを実践してみる ・チーム活動を振り返る→分かち合い	アイランド型 ホワイトボード
5	16：45 （15分）	クロージング	・質疑応答、まとめ ・チェックアウト	サークル型

図表2-07 ｜ プログラム例（WRL型とRLW型）

試行してみるのです。

このパターンでは、テーマに関する経験が豊富になればなるほど学びが深くなり、逆に経験の乏しい人は最初でつまずくこともあります。一見、レクチャーの比重が少ないように思えますが、十分に経験の振り返りと分かち合いができ、新しい視点さえ与えれば、自分で考えるようになります。レクチャーの内容はできるだけ厳選したほうがよいでしょう。

【応用例】
- 自分を振り返り内面を見つめる「キャリアプラン研修」「ビジョン研修」
- 自分の行動のタネを発見する「モチベーション研修」「リーダーシップ研修」
- 普段気づかない意識をあぶり出す「健康ライフ研修」「男女共同参画研修」
- 階層や年代の意識やスキルのギャップを認識する「プリセプター研修」
- これまでの行動や思考に改善を促す「ステップアップ研修」

アクティビティと活動単位に展開する

こうやって、大まかな流れができたら、次にプログラムを細かくデザインしていきます。45分〜1.5時間程度を1つの単位（**セッション**）と考え、どんな**アクティビティ**（活動）を、どんな単位（**グループサイズ**）でするのかを考えていきます。

特に、ワークショップとリフレクションでは、アクティビティの選択は重要です。第4〜5章で、代表的なものをいくつか紹介をしますので、その中で使いこなし方を覚えましょう。活動の単位については、次のような特徴を知っておいた上で、うまく使い分けていく必要があります。

1）個人ワーク（1人）

自分自身の課題を整理し、心の中に湧き起こる感情や目の前にある現実と向き合い、熟考や内省するのは個人の世界から始まります。ただ、自分の状況に対する善し悪しの判断はつきかねます。ときに、思い込みや思い上がり、独りよがりの状況を生み出すことがあります。

2) ペアワーク（2人）

グループの最小単位であり、対話の基本形です。2人になると意見交換やフィードバックが可能になります。交わされるやり取りの中から、相手の存在によって自分が投影され、個人のときよりも気づきの幅と深みが増していきます。客観性が担保されるのも魅力です。ペアにもう1人加えて3人にすると観察者の視点を加えることができ、より客観性を高めることができます。

3) グループワーク（4～6人）

参加性と多様性がバランスよく担保できるサイズです。複数の人と絡むことによって2人のときよりも相互作用が感じられます。少人数によるアットホームさと役割の存在による緊張感がバランスよく同居し、参加性は抜群です。顔が見える関係として何かに取り組むにもちょうど良いスケールです。

4) 全体ワーク（全員）

参加者の多様性をもっともダイナミックに活かせるのが全員参加です。多くのアイデアと体験共有による仲間意識の醸成にはもってこい。一体感を感じることができます。大人数によるマンパワーも発揮しやすいスケールです。ただ、人数が多すぎると、何かを決めたり分かち合うには不向きです。

■ 人数展開の並べ方の主なパターン

さらに、これらを変化させていくことで、ダイナミックな展開が可能となります。こういった技も覚えておくと便利です。

1) 拡大型　～少人数から大人数へ（個人→ペア→グループ→全体）

まず、個人でアイデアをひねり出し、それをペアワークで確認やチェックして、グループワークで練り込んでいきます。そして全体で共有し、その善し悪しを比較していきます。1本の糸がだんだんと太い綱になるようにアイデアを統合させていく場合に適しています。

2）縮小型　～大人数から少人数へ（全体→グループ→個人）
　逆に、最初に全体であり方や方向性などを共有し、グループで意見交換したあとに、最後には個人がどのように行動していくかを落とし込んで考えていく、といったやり方もできます。外からの関心事を自分の関心事に徐々にブレイクダウンしていくときにフィットします。

3）内省型　～個人内省重視（個人→グループまたは全体→個人）
　自分のありようを内省し、他の人との意見交換を通じて内面と対話し、自分で収めていく、といったパターンです。個人の思いを、他人というフィルターにかけて比較し、再び自身に戻す。そんな心理的な側面をあぶり出すのに適しています。

4）共有型　～全体共有重視（全体→グループまたは個人→全体）
　たとえば、あるテーマの説明を全体で受け、その後にグループで議論を重ね、再び全体の場で共有を図りながら議論を進めていきます。全体では討議できないテーマをいったん少人数にばらして参加性を高め、再び全体で共有したいときに使います。

5）創発型　～チームワーク重視（グループ→全体または個人→グループ）
　このパターンでは、何らかのテーマでグループワークをおこない、その結果を受けて全体の場で競うか個人の作業分担に落とし込み、再びグループで集約していきます。アイデアをブラッシュアップさせたり、問題解決や振り返りの質を高めていくときに向いています。

　ただし、こういった展開をするときは、場所の制限だけではなく、ファシリテーターの数も考えなければなりません。目安としては、1人のファシリテーターが目が届く範囲はせいぜい20〜30人まで。50人くらいの人数になれば、できればもう1人アシスタントをつけたいところです。

機動的に動ける時間配分を

　一通りプログラムができたら、最後は時間を見積もって、与えられた時間内に収めるよう調整をします。

　といっても、研修が分刻みでは参加者の神経を消耗させます。ファシリテーターにしても、少しズレただけで焦りを生みやすくなります。「あれもこれも」よりは「まずはこれだけ」。詰め込みすぎず、腹八分の状態になるよう大ざっぱに組むことをお勧めします。もう少しやりたかったと思わせることで、次なる学びへの誘いにつながることもありますから。

　さらに、プログラムの中での優先順位を考え、その優先度の高いものに十分な時間が配分されるようにします。もう一度、研修の目的に照らし合わせて、「なくてはならないもの」なのか「あると良いものなのか」をハッキリさせましょう。プログラムが一方通行にならないためにも、参加者自らが活動に取り組む時間、参加者同士が自由に意見交換できる時間、内容を振り返る時間はできるだけ確保するようにします。

　それと、**クッションタイム**と呼ぶフリーな時間をプログラム中に確保しておくと便利です。進行上のゆとりが生まれ、参加者への配慮や何かトラブルなどが発生したときの保険となります。アクティビティの延長時間、質疑応答、補足説明、休憩時間などにさまざまな用途に臨機応変に使えます。

　休憩時間や昼食時間もクッションタイムとして活用できます。質問を個別に受ける、食事をしながら世間話や情報交換をする、プログラムの修正をおこなう、小道具などの準備をする、レジュメや資料を配布する、場面転換をする、書籍の紹介をする、などなど。プログラムの時間中ではできないことに対応するにはもってこいの時間です。

　そして最後に、部分の組み立てに目を奪われるあまり、全体の流れに首尾一貫性がなくなっていないか、ムリやムダ、思い込みを詰め込んだプログラムになっていないかをチェックするようにします。果たしてこれで本当に動けるのか、ヌケモレはないかも、今一度確認してみましょう。

4 事前準備は入念にぬかりなく

プログラムができ上がったら、いよいよ開催に向けての準備に入ります。準備すべきことは多岐にわたります。なかでも重要な、案内告知、準備物、参加者のマインドセット、ファシリテーターの心の準備について、ポイントを解説していきます。

参加者をその気にさせる案内告知

案内告知では、研修に込めた思いや期待、伝えたいメッセージなどを参加者にコンパクトにお知らせしなくてはなりません。

まずは何といっても研修のタイトルです。研修内容、対象者、想定レベルなどを盛り込みつつ、コンパクトに表現します。

特に参加者を公募する場合は、「○○を目指すあなたのための……」「△△で困っているあなたに贈る……」といった、対象者を明らかにする表記を加えるとメッセージ性が深まります。ターゲットに当たる人にとっては「これは私のための研修だ！」という期待感が高まります。タイトルによって来る人のレベルや期待感がまったく変わってしまうので、熟慮が必要です。

すでにタイトルが決まっている場合はサブタイトルをつけるなど、アピールする工夫をしてみましょう。

さらに案内告知には、タイトル、日時、会場、対象者、プログラム、講師紹介、持参物、問い合わせ先、申込方法を載せます。加えて、有料の場合は、参加費や支払い方法といった事項を追加します。

そこに、呼び込みとなるキャッチフレーズ、開催趣旨や学ぶ内容などを短い文章で表記したリード文、これまでの参加者の声、イラストなどを加えると、

人材開発課主催 2010年度ステップアップ研修 No.243

チーム力を10倍に高める！
自律型組織マネジメントセミナー

スキル研修

メンバーが自ら考え自ら動き、高い成果とモチベーションを兼ね備えた「自律型チーム」をつくるための実践的な技法をワークショップ形式で学びます

日時	2011年1月20日(木)・21日(金) 10:00〜16:00
場所	人材開発センター 第2研修室
対象	管理職、チームリーダー、プロジェクトリーダー 20名

講師 **堀 公俊**
堀公俊事務所 代表
組織開発コンサルタント

最近みんな元気がない、頼んだことしかやらない、忙しいわりに成果が出ない、後継者が育っていない、やる気のない奴が増えてきた、ワンマンなリーダーがいて困る…。そんな悩みを抱えていらっしゃいませんか？ 管理と統制による近代型のマネジメントは、複雑な問題が次々と起こる「正解のない時代」には通用しません。チームの自律性と協働性を引き出し、高い成果とモチベーションを引き出す「自律型マネジメント」がすべての組織に求められています。それにつれ、リーダーの役割もコンテンツ主導の先導型からプロセス主導の支援型へと変貌していかなければなりません。本研修では、チーム運営に悩むリーダー層を対象に「自律型組織マネジメント」の基本を2日間で、演習を交えて具体的に学んでいきます。皆さんも自律型マネジメントのスキルを身につけ、活気あるチームづくりに邁進しましょう！

＜1日目＞「活気」ある組織をつくる　1/21(木) 10:00〜16:00

時刻	テーマ	内容	課題	主体
10	(1)オープニング	（オリエンテーション）		
		講義	・今、なぜ自律型マネジメントなのか？ ・思考の枠組みを打ち破るには	講師
		エクササイズ①	＜課題＞組織の活性度をチェックする	個人
11		講義	・自律型マネジメントの進め方 ・21世紀のリーダーシップの形	講師
		（休憩）		
	(2)関係を深める（会話）	講義	・関係を促進するスキルとツール	講師
12		エクササイズ②	＜課題＞チームの関係性を促進する	ペア
	（昼食）			
13				
	(3)意味を共有する（対話）	講義	・ビジョンをめぐる対話の重要性 ・ホールシステムズアプローチとは	講師
14		エクササイズ③	＜課題＞活動の意味を共有する	グループ
15	（休憩）			
	（続き）	振り返り・講義	・ビジョンづくりのポイントとノウハウ ・会話／対話／議論を使い分けよう ・本日の振り返りとQ&A	講師

＜2日目＞「成果」を生み出す組織をつくる　1/22(金) 10:00〜16:00

時刻	テーマ	内容	課題	主体
10	(4)行動を変える（議論）	講義	・重要なことに集中する ・思考の枠組みを打ち破るには	講師
		エクササイズ④	＜課題＞活動の効果をチェックする	個人
11		講義	・議論がなぜまとまらないのか？	講師
	（続き）	エクササイズ⑤	＜課題＞衆知を集めて成果を出す	グループ
12		振り返り・講義	・ファシリテーションの4つのスキル ・フレームワークを活用する	講師
13	（昼食）			
	(5)自律的な問題解決に向けて	講義	・問題を解決する最新のアプローチ ・対立や葛藤を乗り越えていく	講師
14		エクササイズ⑥	＜課題＞問題を自律的に解決する	グループ
		振り返り・講義	・元気と成果の出る問題解決を ・問題児に対応する基本的な考え方	講師
15	（休憩）			
	(6)クロージング	講義	・自律型マネジメントの実践に向けて	講師
		エクササイズ⑦	＜課題＞学びを深めるダイアログ	グループ
		講義	・研修のまとめとQ&A	講師

●備考
・10月1日受付開始。希望者多数の場合は抽選になります。
・受講に当たっては「事前課題」を提出していただきます。
・講師の著書『ファシリテーション入門』を事後に配付します。
・オリエンテーションを行うので開始15分前にご参集ください。
・筆記用具のみ持参し、カジュアルな服装でご参加ください。

●参加者の声
・なぜ、チームがうまくいかないのかが分かりました。
・とにかく楽しかった。自分のリーダーとしての振る舞いを見直すキッカケになりました。
・みんないろんな悩みを持っていることが分かり、ちょっと勇気が出ました。早速、明日からやってみようと思います。

この分野の第一人者である人気講師です。元気あふれるチームリーダーの方の参加をお待ちしています！

本件に関するお問い合わせは、人事総務本部・人事部・人材開発課のスキル研修担当 平島祐子(yuko.hirasima@faj.co.jp、内線56-8925)までお願いいたします。

図表2-08 | 告知文（チラシ）例

よりリアルな感じで伝わっていきます。これまでに印象に残ったチラシや募集案内を思い出して、作成の参考にするとよいでしょう。

　研修の演出の1つとして、終了後に参加者との懇親の場を設けることをお知らせしておくのも手です。参加者同士がさらに打ち解けるのに加えて、フランクな振り返りの場にもなります。

準備物はヌケモレなく

　研修のために準備しなければいけないものは、大きく研修資料と道具類に分かれます。

　前者の中で、何といっても重要なのが研修テキストです。最近ではパワーポイントをそのままテキストにすることが多くなりましたが、スライドの枚数が多くなるとコピーもたいへん。演習課題や補足資料の用意が必要なケースもあり、早めの準備を心がけましょう。テキストのつくり方については、第3章で詳しく述べていきます。

　道具類は、ホワイトボードやスクリーンなどの会場で用意する大物と、文房具類のような主催者が持ち込む小道具に分かれます。初めての会場を使う場合は、会場を下見する際に道具類もチェックしておきましょう。持ち込む小道具類に関しては、多岐にわたりますので、図表2-09のようなチェックリストを用意しておくと便利です。

　また、準備物とは異なりますが、社外の会場を借りて研修をする場合は、昼食の用意や現地までの交通機関なども調べておいたほうがよいでしょう。こういった、いわゆるロジスティックは参加者や講師が気持ちよく研修をするために欠かせないものであり、おろそかにはできません。

参加者のマインドを高めておこう

　研修の効果の40％が事前、20％が研修中、40％が事後に決まるという報告があります。プログラムづくりなど、入念に研修の準備をするとともに、どれだけ参加者に動機づけをしておくかで、学習効果が大きく左右されます。

▶▶ 受付する
　□ 名簿
　□ 名札
　□ 領収書

▶▶ 配布する
　□ テキスト・レジュメ
　□ 参考資料
　□ ワークシート
　□ アンケート

▶▶ 表示する
　□ 会場案内
　□ タイトル表示
　□ 班表示
　□ 講師名表示

▶▶ 映し出す
　□ パソコン
　□ プロジェクター
　□ スクリーン
　□ 接続ケーブル
　□ 延長コード
　□ 使用データ

▶▶ 管理する
　□ 進行表
　□ 時計
　□ タイマー
　□ アラーム

▶▶ 記録する
　□ デジタルカメラ
　□ ボイスレコーダー
　□ ビデオカメラ

▶▶ 書き出す
　□ ホワイトボード
　□ ホワイトボードマーカー
　□ フリップチャート（模造紙）
　□ A3〜A4の白紙
　□ 付箋
　□ 水性マーカー（太）
　□ 水性ペン（細）
　□ バインダー

▶▶ 貼り出す
　□ 養生テープ（ガムテープ）
　□ マグネット
　□ 自立式パーテーション

▶▶ 演出する
　□ シール
　□ トーキングアイテム
　□ マイク
　□ ラジカセ・CD
　□ お菓子・飲み物
　□ おしぼり・水差し

▶▶ 意欲を高める
　□ 事前課題
　□ グランドルール

▶▶ あると便利
　□ ハサミ・ノリ
　□ フリップ・色紙

▶▶ その他
　□ 交通機関の案内
　□ 昼食の手配・案内
　□ 懇親会の手配・案内

図表2-09 ｜ 準備物チェックリスト

研修に対するレディネスと学習意欲を高めるための１つの方策が事前課題です。テーマに関する書籍を事前に読むことを課する場合が多いようですが、やりすぎるとかえって意欲をそぐことになりかねません。
　そんなときは、研修テーマに関する問題意識（どんなことが問題だと思いますか？）や学習したい内容（この研修で何を学びたいですか？）を事前アンケートの形で書かせる方法があります。事前に回収しておけば、研修を組み立てる上での参考にもなります。
　意欲を高めるもう１つの方策は、グランドルールです。研修の案内をするときに、研修に臨む姿勢や心構え、参加者に期待する役割などを伝えておくのです。「自分の殻を打ち破り、新しい自分になって帰ろう」「何か１つでも明日からできることを見つけよう」「みんなの経験をぶつけ合い、お互いから楽しく学ぼう」といったように。もちろん、これらは研修当日のルールとしても活用していきます。

ファシリテーターの心の準備

　初めてファシリテーターとして前に立つときは誰でも緊張します。入念にリハーサルをやっても、当日はいろいろなことが起こります。想像すればするほど緊張感も高まり、不安に駆られてしまいます。
　しかし、参加者もファシリテーターと同じ人間であり、恐れる必要はありません。人前に立つ勇気を奮い立たせるために、自分自身に問いかけていくことから心の準備をしてみましょう。

1）元　気
　まずは参加者に元気になってもらうためには自分自身が健康で元気であることが大切です。日頃の健康管理はもちろんのこと、前に立つときの表情（特に笑顔）と声の調子は特に大事です。あなたの表情と声のトーンは場の空気を支配します。事前に自分の表情を鏡で見てチェックしておきましょう。

2）辛　抱

参加者はさまざまであり、こちらの思い通りにいかないことも多々あります。そこでへこまないようにするためには、「待つ」ということの大切さを知っておきたいものです。特に参加者の沈黙の意味（考え中、考えていない、質問などの意味が分からない）を知り、それに耐えることも覚悟しておきましょう。

3）謙　虚

たとえどんなにうまくいってもその場に酔ってはいけません。そこはあなたのステージではないからです。ファシリテーターは「裏方の中の表方」であると謙虚に心得ておきましょう。そして学びの場は、参加者とスタッフが一緒につくり上げるものであるということを肝に銘じておきましょう。

4）配　慮

現場ではさまざまな「思い」が交錯します。現場で嫌がられる思いは「思いつき、思い込み、思い上がり」です。このような思いが、ときに場を乱してしまいます。しかしながら、それを超えるものがあります。それは参加者に対する「思いやり」です。考えられる限りの配慮を心がけたいものです。

5）感　謝

教育研修の場は、参加者やそれを支えてくれるスタッフの存在、さまざまな条件の調整の下に成り立っています。すべてが得難く有り難いものなのです。当然のように「あたりまえ」に存在するものではありません。有り難いものに対する感謝の気持ち「ありがとう」を常に心の中に持っておきましょう。

何か教訓めいたものばかりになってしまいましたが、皆さんが勇気を持って少しでも前に進んでいくためのマインドは大切です。「うまくやろう」と思わず、「キチンとやろう」と考えることが肝要です。

いつもうまくいくわけではありません。ときには失敗もあるでしょう。そのようなときでも「あせらず、あわてず、あきらめず」で取り組んでほしいと心から願っています。

5 研修をやりっぱなしにしない

　先ほど述べたように、研修の効果の40％は事後で決まります。研修を企画するときは、研修そのものだけではなく、事後の活動もあわせて考えておかないと、研修が単なる息抜きの場になってしまいます。

アンケートを用意しよう

　主催者にとって重要なのが**アンケート**です。主催者の都合でおこなわれるものだけに、参加者にとって過度な負担にならない程度が望まれます。

　まずは、確実に記入してもらい、数多く回収できるようにアンケート項目をできるだけ絞るようにします。あれこれとむやみやたらと尋ねるのではなく、重点を絞って項目数を抑えて、参加者が答えやすい分量を目指します。目安としてはA4用紙1枚程度に収まるぐらいがベスト。選択式や記述式など参加者が取り組みやすい方法を考えていきます。必ず尋ねるべき項目は次の3つです。

1）満足度

　まずは、参加者に「来てよかった！」と感じてもらえることが大切です。元気になるためにも、この視点はとても気になるところです。ただし、単に面白かっただけのウケ狙いでは本末転倒になります。

2）理解度

　参加者に教育研修を通じて学習内容がどれだけ伝わったかということを測る視点です。せっかく時間と労力をかけても何も理解されていなかったら悲しいものです。

現場力向上を目指すあなたのためのステップアップ研修

事後アンケート

これからの研修をより良くしていくために率直なご意見をお聞かせください。
各々の項目の1～5のいずれかに○をつけ、その理由などをご記入ください。
ご協力をよろしくお願いいたします。

1 この研修に参加して良かったですか？

　　（良い・悪いのメリハリをつけたければ6段階に）

　　良かった　　　　　　　　　　　　良くなかった
　　5 ── 4 ── 3 ── 2 ── 1

　　■その理由 [　　　　　　　　　　　　　　　　　　]

2 この研修の中身は理解できましたか？

　　理解できた　　　　　　　　　　　理解できなかった
　　5 ── 4 ── 3 ── 2 ── 1

　　■どの点が [　　　　　　　　　　　　　　　　　　]

3 この研修で得たことは今後のあなたにとって役に立ちそうですか？

　　役に立つ　　　　　　　　　　　　役に立たない
　　5 ── 4 ── 3 ── 2 ── 1

　　■どの点が [　　　　　　　　　　　　　　　　　　]

4 その他、研修の運営や進め方などに対しまして、お気づきの点が
　ありましたらご自由にご記入ください。

　　[　　　　　　　　　　　　　　　　　　]

　　　　　　　　　　　　　　　　ご協力ありがとうございました♪

図表2-10 | アンケート例

3）活用度

　どれくらい「よしやってみよう！」と感じたかを測る視点です。これが意外と抜けがちになります。職場は、研修後の変化や動きに期待をして送り出すわけですから、この視点を抜かすわけにはいきません。

　アンケートは、匿名・無記名のほうがホンネが出やすい反面、無責任な記述が出てくる恐れもあります。参加者の特徴を考えながら最良の方法を考えていきましょう。しばらく時間をおいてからアンケートを取る方法もあります。

　それに、研修の時間は進行が押しがちです。終了後にバタバタと帰られてしまい尻切れトンボにならないよう、可能な限りプログラム内に記入時間を確保するようにします。早めに配布して休憩時間に少しずつ書いてもらうのも手です。

　また、アンケートは主催者のためのものであって、参加者のためのものではありません。それとは別に、振り返りシートを用意して、「何に気づいたか」「何を学んだか」「明日から何をするか」を書いてもらうことも、必要に応じて考えていきます。ただし、研修報告書のような立派な作文はやりすぎ。形よりも中身が大切です。

■ 事後のフォローの仕方あれこれ

　研修の場はキッカケにすぎず、職場で実践する中で知識やスキルが自分のものになります。何を学ばないといけないかを学ぶのが研修であり、それをどれだけ現場で実践するかにかかっています。ここがおろそかだと、事後の40％が吹っ飛んでしまいます。

　残念ながらここは職場、すなわち直属の上司の領分であり、ファシリテーターとしては手が出しにくいところです。とはいえ、「研修でこんなことがあったのですが、○○さんは、その後いかがですか？」「○○さんは、こういうことをやりたいといっておられたのですが……」と、上司に働きかけることならできるはず。権限がないからといって諦めず、影響を与えることを考えてみましょう。

　もちろん、ファシリテーターの権限の範囲でできることもたくさんあります。

代表的なものをいくつか紹介しておきます。

1) 持続的な学習の機会づくり

やりやすいのが、一定期間後に、ステップアップ編やフォローアップ研修を用意しておくことです。その間に職場で実践しておくべき課題を与えておくこと、さらに効果は高まります。

研修という形が難しければ、その後の様子を語り合う場をつくるだけでも意味があります。その後の自分を振り返りながらフィードバックを受け、参加者同士のつながりをフォローし、相談できるような環境をつくってあげるのです。階層別研修ならば同期会、職場単位ならば飲み会といったインフォーマルな場でもその機能は果たせます。

2) 実践コミュニティづくり

実践コミュニティとは、「あるテーマに関する関心や問題、熱意などを共有し、その分野の知識や技能を、持続的な相互交流を通じて深めていく人々の集団のこと」（エティエンヌ・ウェンガー『コミュニティ・オブ・プラクティス』）です。職場に戻って、また「孤軍奮闘・孤立無援」にならないような仲間づくりのお手伝いにもつながります。

具体的には、研修のテーマに関する自主研究サークルを立ち上げたり、メーリングリストをつくって情報交換をしたりです。教育研修という場をきっかけとした、新しい組織内コミュニティづくりを後押ししてあげるのもファシリテーターの大切な役割です。できれば、そこまでを考えて、長期的な視点で研修を企画したいものです。

3) 自己啓発のサポート

簡単なのは、研修後に関連書籍を貸し出し、復習を兼ねて持続的な学習の支援をすることです。あるいは、さらに学びたい人に社外の研修の案内をしたり、会社を超えた実践コミュニティを紹介したりと、情報提供を通じた自己啓発のサポートはいろいろできるはずです。そのためには、ファシリテーター自身が常に自己啓発とネットワークづくりを心がけ、いつでも支援できるだけの情報

を持っておかなければなりません。

4）声かけ

　社内講師をはじめ、研修終了後に参加者に出会う機会がある立場なら、こちらからドンドン声をかけていきましょう。「研修の感想はどうでしたか」「その後いかがですか」「何かやってみましたか」「少し変化はありますか」など、ちょっとしたことを話題にして話をするのです。

　それは、研修効果の追跡調査のためもありますが、それ以上に「あなたのその後を気にしていますよ」というサインを送ることに意味があります。

　寂しい思いをしている状態や現実とのギャップに悩みながら愚痴の1つもこぼせないようでは、また気分はモヤモヤしてしまいます。ぜひ、その人の存在をしっかりと見守るような気持ちで、声をかけてあげてください。メールを使って近況やアンケート結果をフィードバックしてあげるのも話題づくりとしては最適です。

Column 2　これ、食べてもいいですか？

　ある研修で、グループワークに必要な付箋、A4用紙、カラーペンなどをあらかじめ配っておいたのに、どのグループも使おうとしません。あとで「なぜ便利な道具を使わなかったのですか？」と尋ねると、「使い方が分からなかった」「先生が使ってよいと言わなかったので」と言われ、ギャフンとなったことがあります。

　別の研修では、気軽に議論をしてもらおうと、各グループのテーブルにアメを配っておいたのに、やはり誰も手を伸ばそうとしません。研修も終わりになって、「これ、食べてもいいですか？」と質問されて、初めて参加者の心の内に気がつきました。

　研修にはいろんな人が参加します。「それくらい言わなくても分かるだろう」と勝手に思い込まず、ときには手取り足取り説明することも大切です。特に「ゆとり世代」には要注意です。

レクチャーで知識をインプットする

第3章 対話型の講義のススメ

1 双方向のレクチャーを目指そう

レクチャーも体験の場である

　インパクトのある話し方、次々と話題を繰り出すテンポの良さ、適度な笑いと人と引きつける話術……。そんな技術を持った講師の話を聴いて、「ああ、私もあんな講義をやってみたい……」と思われた方が少なくないのではないかと思います。

　ただし、これは、いかに**コンテンツ**（中身）を相手に届けるかで勝負しているインストラクターの話。ファシリテーターにはファシリテーターなりの講義の仕方があります。

　ファシリテーターは、講義を１つの体験の場として捉え、コンテンツの押しつけはしません。参加者は、ファシリテーターが繰り出す専門知識と、自分の知識や経験をぶつけ合わせ、テーマについて深く考えていきます。大切なのは、研修で得たコンテンツもさることながら、参加者自身がそれを聴いて考えたことや思いついたことです。それを持ち帰ってほしいのです。

　ときには、「なるほど」とコンテンツを鵜呑みにできず、「本当にそうなのだろうか？」と疑心暗鬼の人もいるかもしれません。それは、あとの対話の格好の材料となり、みんなの考えを深めるのに役立ちます。講義は、対話の場をつくるための問題提起や材料提供でもあり、知ると同時に考えることが大切であることを覚えておいてください。

まずはコンテンツを磨こう

　そうすると、レクチャーで大切なのは、**デリバリー**の技術（話術）ではなく、コンテンツということになります。では、どんなコンテンツを用意すれば、参

加者が興味を持って聴け、大きな学びが得られるでしょうか？

　答えは簡単で、「参加者の知りたいこと」を話せばよいのです。「講師の知らせたいこと」を話そうとするから話術が必要となるのであって、参加者が知りたいことを話せば、特段の技は要らなくなります。

　人は必ず向上心を持っており、どんな人にも知りたいこと、学びたいことは必ずあります。まずは、参加者の知りたいこと（Need）、自分が伝えたいこと（Want）、組織として伝えないといけないこと（Must）を照らし合わせて、最高のコンテンツをつくるようにしましょう。

　しかもそれは自分の経験に裏打ちされたものでないと通用しません。

　私たちは、教えることに関しては素人であっても、教えられることに関しては全員がプロです。小学校以来、十何年も教えられ続け、いろんな先生を見てきたからです。先生が前に立った瞬間に、「この人の話を聴く価値があるかどうか」を一瞬にして判断してしまいます

　テーマに関して徹底的に勉強し、伝えるべき本質を見つけ出し、それに自分の経験から得たものを合わせていく。大げさにいえば、1時間話をしようと思ったら、10時間話せるくらいのネタが要ります。「自分は何が語れるのか」「自分にしか語れないことは何か」を深く掘り下げ、自信を持って語れるコンテンツをつくり出しましょう。

テキストに沿いつつ予定調和にしない

　そのためには、何よりテキストを磨くことです。これも多くの人が経験があると思います。講師がテキストを配った途端に、おしまいまでパラパラと眺めて、「なんだ、今日はこんな話なのか……」と、聴く価値があるかどうかを判断したことが。

　人を引きつけるテキストをつくれば、必ず参加者は話を聴いてくれます。そんなテキストがあれば、話すほうもどうにかなります。人前に立つ勇気のない方も、万全なテキストを用意しておけば、自信が湧いてきます。

図表3-01 | レクチャーの様子

逆にいえば、テキストさえしっかりしておけば、講義は半分以上成功したも同然です。それに私たち日本人は、形がないもの（講義）よりも、形があるもの（テキスト）を有り難がる傾向があります。テキストをしっかりつくっておけば、講義がうまくいかなかったときのための、一種の"保険"にもなるわけです。まずは自信を持って話せるテキストをつくりましょう。

ただし、微に入り細に入り完璧なテキストをつくり、それをこなすだけならインストラクターになってしまいます。テキストはあくまでも最低限伝えないといけないことに絞ったシンプルなものにして、変幻自在に講義を組み立てるのが本来の形です。

用意したネタを順番に繰り出して、予定調和の講義をするのではなく、その場で生まれてくるものを大切にして、即興で話を組み立てていく。最終的にファシリテーターが目指すのはそんな講義です。

インタラクティブな講義を目指そう！

いくらコンテンツがキモだといっても、テキストの棒読みでは、テープレコーダーを再生しているのと同じです。ファシリテーターとして覚えてほしいのは、軽妙洒脱な話術ではなく、**参加型の場**をつくる技術です。

話術というのは、"一方通行"の話をいかに面白くするかのテクニックが中心になります。そうではなく、話そのものを"双方向"にすればいいのです。また、そうするほうが、はるかにデリバリーする力が高まります。

それに、落語の修行を見ても分かるように、話術という暗黙知を習得するには相当な訓練を要します。才能や個性による部分が大きく、身も蓋もない言い方をすれば、ダメな人はいくらやってもダメです。

それよりは、参加型の場をつくる技術を身につけるほうが、はるかに簡単で近道です。対話があふれ、双方向（インタラクティブ）で、動きのある講義。それこそが、ファシリテーターが目指す姿です。

図表3-02 | レクチャーの様子

レクチャーにおける３つの学習方法

レクチャーでは、参加者は次の３つの方法を使って学習をしていきます。

【学習方法1】聴　く

　双方向のスタイルであっても、講義である以上、主体はやはり話を聴くことです。ファシリテーターとしては、テキストに書かれている内容やポイントを自分の言葉でしっかりと説明して伝えていかなければなりません。

　ただ、それだけではテキストを見れば分かる話。いかにテキストに書いていないことを話すかが重要です。そこがファシリテーターの良し悪しを判断する目安の１つとなります。

【学習方法2】見　る

　「聴く」（音声情報）と同時に大切なのが「見る」（視覚情報）です。その一番の要素はテキストです。最近は、パワーポイントをそのままテキストにすることが増えてきましたが、兼用させるにはちょっとしたコツが要ります。それを覚えれば、テキストが分かりやすく、見栄えがするようになります。

　加えて、スライドだけだと単調になりがちなので、レジュメ、ホワイトボード、紙などを使って動きを出していきます。どちらも、パワーポイントとは違って、インタラクティブなやりとりに向いており、使い方をマスターしておくといろんな場面で役に立ちます。

【学習方法3】考える

　質問や発問を通じて参加者を考えさせることは、インタラクティブな講義に欠かせないテクニックです。うまく質問を重ねていけば、会場で豊かな対話が始まり、コンテンツの理解が深まります。

　といっても、大抵の参加者は、人前で発言するが苦手です。質問をしても返答がないことが珍しくありません。そんな心の壁を突破するには、対話を促進するスキルが必要です。これこそがファシリテーターの真骨頂です。

2 【学習方法1】聴く

ポイントと例示を繰り返す

　テキストの内容を参加者に理解させるには、単に文章を読むだけでは不十分です。テキストの中でどこが重要でどこが重要でないか、メリハリをつけて、本質を伝えなければいけません。

　そのためには、「ここでのポイントは」「要するに」「大切なのは」「私が言いたいのは」といった言葉を添えて、**ポイント**が分かるようにします。そうやって、研修で学ぶべき原理原則や基本パターンを明確に示すわけです。

　そのときにあわせてやってほしいのが**例示**です。抽象的な知識だけでは、理解はできても、どうやって使うのかイメージがつかめません。ファシリテーターが経験を通じて事例やモデルを見せることで、実践への足がかりが得られます。それを真似ることで実践への第一歩となります。

効率的に伝えるロジカルモード

　説明の仕方は大きく分けて2通りあります。1つは、論理的に筋道立てて説明をする**ロジカルモード**です。たとえば、こんな感じで、主にポイントを提示するときに使います。

①「ここでは○○について説明をします」（論点）
②「ここで皆さんに知ってほしいのは……ということです」（結論）
③「なぜ、これが重要かというと……だからです」（背景）
④「たとえば、それは……ということです」（事例）
⑤「要するに……が大切だということです」（まとめ）

この方法の良さは、何より分かりやすい点にあります。内容が多岐にわたるときは、これに**ナンバリング**の技を加えるスッキリと説明できます。

「ここで私が言いたいことは３つあります。１つめは……」

　ただし、すべての内容についてこれをやっていると、ポイントだらけで頭からあふれてしまいます。効率的にポイントが伝えられるものの、マニュアルを読んでいるような冷たい感じもします。微妙なニュアンスや言葉にならないものを伝えるのにも不向きです。

インパクトが強いストーリーモード

　そういうときに使いたいのが、物語（ストーリー）を使って説明をする**ストーリーモード**です。主に例示をするときに使います。

「ある日、寝たきりになった84歳の父が『どうしても外に行きたい』と言うので、なんとか車椅子に乗せて散歩に行ったのです。賑やかなところが好きな父のこと、近くの商店街につれていったところ、３カ月ぶりの雑踏に大喜び。屋台のタコヤキを買ってあげると、子どものように美味しそうに食べるのです。なぜ、私がこんな話をするかというと……」

　こんな感じで、話し手は物語を通じて自分の思いを伝え、聞き手はそれに感情移入していきます。言葉で表現しにくい微妙なニュアンスや背景も、物語を使えば直観的に伝えられます。参加者をグッと引き込む力もあります。
　ただし、インパクトがあるものの、時間の割に伝える情報量はかなり落ちてしまい、ストーリーから得られるものも人によって違います。
　このように、ロジカルモードとストーリーモードは一長一短があり、使い分けるのが肝要です。伝えたい内容や参加者の反応を見ながら、適宜組み合わせて使うようにしましょう。

ときには会話モードでライブ感を出す

　ストーリーモードの変形として、ファシリテーターがよく使うのが**会話モード**です。落語のような一人芝居をすることで、語り手と同じ体験を味わってもらうのです。

　　課長　「おい、山田君。この間の資料、いったい、どうなっている？」
　　社員　「すみません、今ちょうどやっているところで……」
　　課長　「また、ソバ屋の出前みたいなことを言って……」
　　社員　「いえ、本当にやっているんですから。課長、信じてください」

　ただし、このときに、声色を変えたり、右を向いたり左を向いたりしてしゃべらないと（上下を切るといいます）、誰が話をしているか分からなくなります。それができるなら、その場の状況をビビッドに伝えられ、参加者を引きつける力も強く、物語がうまく語れない人にお勧めの方法です。

キャッチーなまとめの言葉をつける

　いずれのモードを使うにしても、節目節目でまとめを入れるのが大切です。それもテキストに書いてあるポイントを繰り返すだけでは能がなく、自分なりの「決めゼリフ」を用意しておくと、印象に残りやすくなります。

　　「結局、私が一番言いたかったのは、教育研修ファシリテーターは、どんなときでも『あせらず、あわてず、あきらめず』ということです」

　ちょっとしたゴロ合わせですが、分厚いテキストを丸一日かけて説明をしても、参加者の頭に残っているのは結局こういったキャッチーな言葉（あるいはファシリテーターの経験談）だけだったりします。そういった言葉遊びの技を覚えておくと、伝える力は飛躍的に高まります。同様に「ファシリテーターとはお坊さんのようなものです」といった比喩を使うのも効果的です

接続詞でスライドをつなぐ

パワーポイントを使って説明していると、スライドとスライドのつながりが分からなくなることがあります。そこを補いながら１つのシナリオをつくるのが伝え手の役目の１つです。

> 「……となります。しかしながら、（スライドを送る）……です。それはなぜかというと（スライドを送る）……です。さらに（スライドを送る）……です。要は（スライドを送る）……ということになります」

コツは、「なぜならば」（理由）、「したがって」（結論）、「つまり」（要点）、「しかしながら」（逆転）、「まず」（順序）、「ところが」（意外）、「ただし」（補足）、「一方」（対比）といった接続詞をうまく使うことです。それがあって初めて筋道ができ上がります。

自分の言葉で語ろう

同じテキストを説明していても、その背景や本当の意味を理解しているかどうかは、一発で見抜かれてしまいます。知ったかぶりや「借り物」の言葉では人には伝わりません。自分の腹に落ちた「本物」の言葉を使うことが大切です。
さらによいのは、自分の経験をとりまぜて経験から培われた言葉を紡ぎ出すことです。

> 「ファシリテーションとは『支援する』『促進する』『容易にする』『円滑にする』といった意味です（スライドを指しながら）。私流でいえば『そそのかす』『その気にさせる』『芽吹かせる』といったところでしょうか。なぜ、私がこの言葉を使うかというと……」

言葉というのは経験、ひいては人生に裏打ちされたものです。同じ言葉を使っても人によって意味するものは千差万別、人の真似はできません。自分の言

葉を使って、自分流のスタイルで言葉を届けるようにしましょう。特に、専門用語、カタカナ語、横文字、略語は要注意で、誰もが「聴いて分かる」言葉として伝えなければいけません。

ときおり問いかけ、間をおいて考えさせる

　参加者に考えさせるのが講義の１つの目的なので、ファシリテーターは問いかけ調をよく使います。たとえば、こんな感じです。

　　「皆さんは……ということを経験したことはありませんか？」
　　「……はいったい、何を意味するものなのでしょうか？」
　　「……ということが、私たちに求められているのではないでしょうか？」

　これは、あとで述べる「対話のための質問」とは少し違います。「問題提起」のための質問で、話にアクセントをつけ、参加者を引き込むためのものです。答えを求める必要はなく、それぞれが少し考えてもらえれば十分です。
　考える時間を確保するため、次の言葉まで一呼吸（３〜５秒程度）間をおくのがコツです。立て板に水で話を続けていると、どんな名調子でも眠たくなります。問いかけをすることで、一本調子の感じがずいぶん和らぎ、参加者の頭もリフレッシュされます。

語尾をスパッと言い切る

　先ほど、ファシリテーターはコンテンツ（正解）を押しつけないという話をしました。その気持ちの表れか、歯切れが悪い話をする方がいます。
　典型的なのが、「私は……と思うんですがね」「たぶんこの部分の解釈は……だと思いますよ」「……という考え方もあり、……という考え方もあります」「テキストには……とありますね」といった傍観者的な説明です。これでは、参加者は不安になり、何を信じてよいか分からなくなります。ファシリテーターへの信頼感が損なわれてしまいます。

コンテンツは言い訳や注釈なしで、スパッと言い切るようにしましょう。だからといって、高飛車になったり、反論を一切許さないのではなく、違う考え方を歓迎する姿勢を見せれば、押しつけにはなりません。
　それと同様に、講義の冒頭で「私はこのテーマの門外漢でして……」「急に頼まれテキストを読む時間がなく……」と謙遜や言い訳をする人がいます。同じ理由で、これもあまり好ましくありません。

つかみは要らない、ウケようと思わない

　デリバリーのテクニックでよく紹介されているのが、参加者を引き込む「つかみの技」です。結論を先にいえば、それは不要です。慣れない人がやると間違いなく見事にすべってしまいます。動揺して、あとがメロメロになるのがオチです。参加者もファシリテーターも緊張している中、うまくいくわけがありません。引きつった苦笑が出るのが関の山です。
　ウケることと、興味を持たせることはイコールではありません。内容が魅力的であれば、いきなり本論に入っても参加者はついてきます。
　もし、笑いをとりたかったら、そのときのありのままの自分を出して、"天然"で語ることです。そうすれば必ずどこかでおかしみが生まれ、思わぬ笑いが生まれてきます。何かの理由で場のムードを崩したいのであれば、横の方と少しおしゃべりしてもらうなど、参加の場をつくるほうが効果的です。

大いに失敗談を語ろう

　インストラクターがあまり語らなくて、ファシリテーターがよく語る話が１つあります。それは自分の失敗談です。
　講義ではどうしても「こうすればうまくいく」という成功法則や成功談が多くなります。それは大切なのですが、案外、興味を持って話を聴け、印象に残るのは失敗談のほうです。
　失敗談のほうが「それ、あるよね……」と共感性があり、「馬鹿だなあ……」と優越感を感じることができるからです。「なんだ、先生も自分と一緒なんだ」と、

ファシリテーターと参加者との仲間意識を醸成するにも効果的です。「すぐにできなくてもいいんだ」と、安心感を与えることにもつながります。

インストラクターという役目を演じるには、権威の力があったほうがやりやすく、こういった自虐ネタは使いづらいもの。ファシリテーターだからこそできる技であり、等身大の自分をさらけ出して大いに失敗談を語りましょう。参加者を"笑わす"のではなく、"笑われる"のがファシリテーターだと。

■ 独り言をつぶやく

同様に、講義をしているときに、自分の心の中で芽生えた感情を素直に語るのもファシリテーターに特有の講義スタイルです。講義をしながら、心の声も一緒に話をしていくのです。

たとえば、「今の説明は失敗だったかな？」「皆さんの反応がだんだん弱くなってきて、少々あせってきました」「やばい、時間がないのにこんなにテキストが残っている！」「え、どうしてこんな話がウケるの？」といった具合です。

なぜこれがよいかというと、ファシリテーターの心の中を参加者と分かち合うことで、お互いの距離が近づくからです。ファシリテーターへの信頼感も高まり、それがコンテンツへの信頼感を高めてくれます。威厳は損なわれるかもしれませんが、場の空気はなごやかなものになります。それが参加者の学びを大いに促進してくれるはずです。

■ 脱線と内緒話をうまく使う

ファシリテーターの講義は、予定調和で演じるのではないので、参加者の反応を見て説明の仕方を変えたり、その場で思いついたことを話したりします。

筆者は、話しているうちに脱線することがよくあります。不思議なもので、「ちょっと脱線ですけど……」と話し始めると、眠そうな人まで「え、何？」と顔を上げるようになります。「ここだけの話ですけど……」といった内緒話も興味をそそり、秘密を共有することで互いの距離も近づきます。

あらかじめ準備された話はつまらなく、みんなもっとライブ感のある話が聞

きたいのです。余計な話を延々とするのは困りものですが、その場で浮かんだ話は案外参加者の記憶に残ることが多く、うまく活用していきましょう。

そうなると、当然、時刻表的な進捗管理はできず、制限時間をオーバーする可能性が出てきます。あらかじめ、余裕を持ってプログラムやテキストをつくっておくことが大切です。わざと間を空けておくわけです。

参加者の知識を活かそう

参加者にも参加者なりの知識や経験があります。ファシリテーターだけが自分の知識を披露するのではなく、参加者が持つ知識をうまく活用していけば、一緒にレクチャーをつくっているという一体感が醸成できます。

たとえば、「え～と、これって何でしたっけ？」ととぼけて、参加者に教えを乞うてみましょう。これは何も恥ずかしいことではありません。分からなければ参加者に訊けばよいと思うと、話すほうも気が楽になります。もちろん、やり過ぎると頼りなく思われるので、ある程度の信頼関係ができてからやるのはいうまでもありません。

テキストに書いてあることは一通り話す

テキストに書かれたことは一通り説明するようにしましょう。ときどき、テキストに書かれているのに触れなかったり、勝手に省略する人を見かけます。そうすると参加者は「あれ、これはどうなったの？」「ここも聴きたかったのに……」となります。そんな気持ちを抱かせないよう、簡単でもよいからすべての内容に何らかの形で触れるようにします。

どうしても省略せざるをえないときは、「……なので、ここは飛ばします」「申し訳ありませんが、残りは読んでおいてください」と注釈をつけます。「時間がないので、次は省略していいですか？」と確認するのもよい方法です。

逆にいえば、省略を避けるため、テキストの内容はできるだけ絞らなければいけません。あるいは、説明するところと、説明しない補足の部分がハッキリ分かるようにつくることです。そのやり方は次節で解説していきます。

3 【学習方法2】
見　る

パワーポイントの落とし穴

　最近は、パワーポイントを使って話をする人が増えてきました。そうすると、参加者にいくつか心配な兆候が見受けられます。

　画面を眺めるだけでメモを取らず、資料だけをもらって分かったような気になる。分かったような気にはなるけど実際には伝わっていない。資料にばかり目を落として顔を上げない。集中力が途切れてしまって、暗くなることもあり、いつの間にか眠ってしまう、といった現象です。

　ある人はパワーポイントを「電子紙芝居」と呼んでいます。アニメーションなどの演出に凝ってつくり込むことに没頭し、膨大な時間を費やすこともしばしば。なのに、参加者がこれでは頑張った意味がありません。

　加えて、1つのスライドにあれもこれもと情報を押し込みすぎて、「何がポイントなのかがさっぱり分からない」という声も聞かれます。本来は話を補完するためにBGMならぬ「バックグランド画面」として機能するはずのパワーポイントが、これでは寂しい限りです。

　といっても、今のところパワーポイントに勝るツールはなく、これをうまく使いこなすしかありません。ここでは、研修にふさわしいパワーポイントの使い方から話を始めていきます。

手の内を明かしてしまわない

　人は、「もう分かった」と思った瞬間に、興味や関心が薄れ、人の話が聴けなくなります。「手の内を明かしてしまわない」というのが、レクチャーをするときの大きなコツです。

ハンドアウト（スライドをプリントしたもの）を配るときは、一時に全部配るのではなく、説明に必要な部分だけを渡すようにします。演習やワークシートなどの重要なネタも別刷りにしておいて、あとで配るようにしましょう。

　説明は、パワーポイントに頼らず、ホワイトボードや紙芝居など、いろんな方法を使って「見せる」ことを演出します。ときにはスライドを止めて、言葉だけで語るのもよく、いつもスライドを流す必要もありません。

　しかも、テキストをもらって安心する人が出ないよう、「ここは大切なところですからアンダーラインを引いておいてください」「テキストの隅にでもメモをしておいてください」と参加者に書かせるのが効果的です。

テキスト主体でスライドをつくる

　本来は、スクリーンに提示する説明スライドと、配布資料として渡すテキストは別につくるものです。ところが、忙しい中、２種類も用意する時間はなく、パワーポイントで両者を兼用するというのが現実的な方法です。

　どちらをメインで考えるかというと、１日程度の企業研修を想定すれば、いうまでもなくテキストです。そうしないと、おびただしい数のスライドとなり、それこそ電子紙芝居に埋もれてしまいます。

　テキスト兼スライドをつくる際には、１ページに１テーマとするのが大原則。それを何枚かまとめて１章として、配る際の単位にします。各々のページに書くべき内容は、テーマ、ポイント（メッセージ）、補足説明の３つです。１ページ３〜５分くらいの説明時間を見積もり、アニメーションのような演出効果は研修には不要です。

　テキストを主に考えると、１ページにかなりの情報を詰め込む必要があります。ポイントが分かりづらくなり、投影したときに見にくくなります。しかしながら、これはスライドのつくり方がまずいだけ。次に述べるようなやり方をすれば、簡単に解消できます。

テキストをスマートに見せるコツ

　説明スライドとテキストを兼ねるコツは、大胆なメリハリをつけることです。といってもグラフィック、つまり色や図形を多用する必要はありません。ジャンプ率、フォント（書体）、余白を使えば文字だけでも十分できます。

1) ジャンプ率を上げる

　ジャンプ率とは、1つの画面の中での、一番小さい文字と一番大きな文字の比率を指します。多くの方は、スライドでは20〜40ポイント、テキストでは10〜20ポイントの文字を使い、ジャンプ率は2倍くらいだと思います。それを、思い切って5倍以上にしてみてください。つまり、重要な言葉は50ポイント、説明しない補足事項を10ポイント前後にするのです。

　こうすれば、投影したときにポイントだけが見え、しかもテキストとして必要な情報もたくさん詰められます。実際に、新聞や雑誌をよく見るともっと高いジャンプ率になっています。だからこそたくさんの情報を詰めても読みやすく、その技を真似ればよいだけの話です。

2) フォントを使い分ける

　文字の大きさに合わせてフォントも変えてみましょう。大きな文字は力強い極太のゴシック文字で、細かい文字は、文章作成でよく使うMSP明朝やMSPゴシックで。そうするとさらにメリハリがついて、スライドとして投影したときもテキストとして見るときも読みやすくなります。それが面倒な場合は、全文字を極太ゴシックにしたほうが、はるかに見栄えがします。

3) 余白を活かす

　画面一杯に文字が並んでいると、見にくいだけでなく、それだけで満腹感があります。もったいないと思わず、思い切って余白のスペースをとってみてください（文字が入りきらない場合は、さらにジャンプ率でメリハリをつけます）。さらにポイントが分かりやすくなると同時に、おしゃれな感じもします。余白があることで文字が強調されるからです。

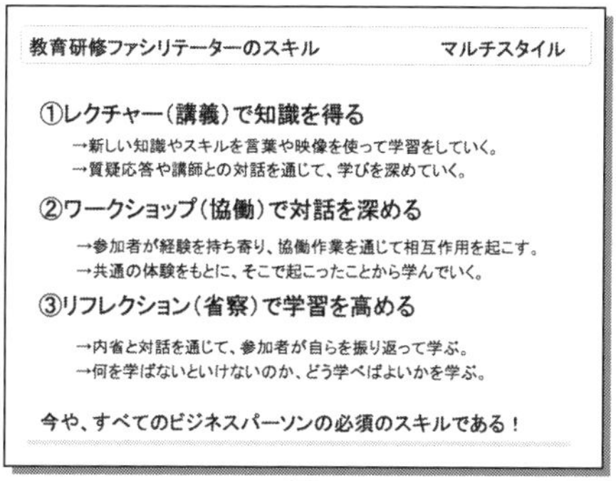

ジャンプ率が2倍程度だとスライドを投影したときにポイントが分かりづらい。その一方で、テキストとして読むには散漫な印象を受ける。

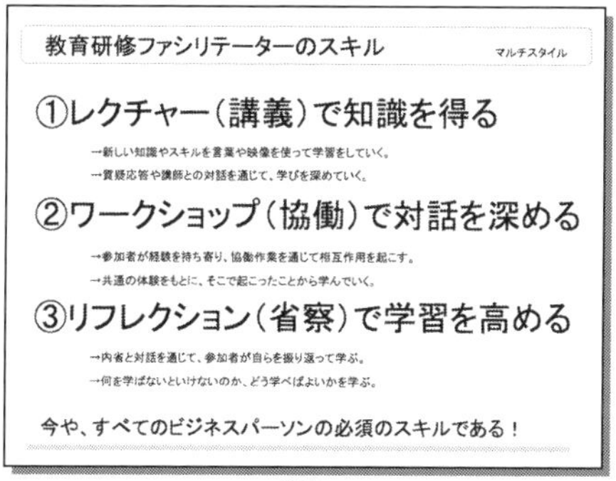

ジャンプ率を5倍にして極太ゴシックにするとポイントが一目で分かる。しかも、テキストとして多くの情報を詰め込むことができる。デザイン的にも引き締まった印象を受ける。

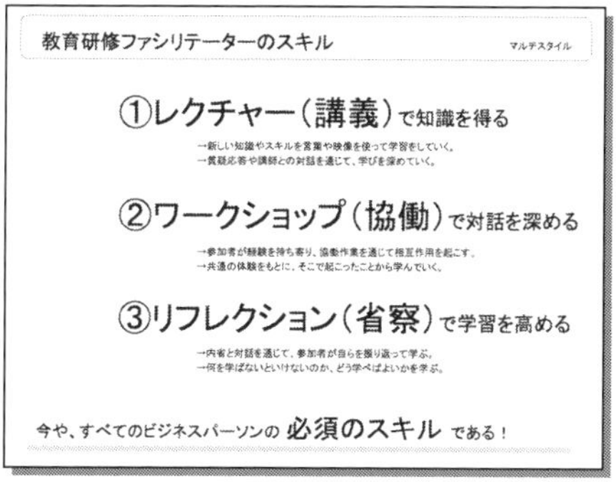

さらに、大胆に余白を取ることで、文字部分が際立つ。デザイン的にも知的で洗練された印象を受け、テキストにふさわしいデザインとなる。余白にメモが書けるのも便利。

図表3-03 | **分かりやすいテキストのつくり方**

また、こうしておけば、メモを書くスペースが生まれ、言わなくても自然とメモをするようになります。人は「余白があると埋めたくなる」という習い性があるからです。とはいえ、あくまでもテキストですから、重要ワードを虫食い状態にしておいて埋めさせる、というのはやり過ぎです。

レジュメを使えば話に集中させられる

見せ方の2つめは**レジュメ**を使う方法です。話す内容のテーマや見出しだけを書いた資料を配り、自分でポイントをメモしてもらうやり方です。パワーポイントと併用するのも効果的です。

先ほど述べたように、私たちには子どもの頃に刷り込まれた習い性がいくつかあります。「先生が黒板に書いたことはノートに書く」というのも、その1つです。黒板やホワイトボードに書かれたことは、どんなことでも何か手元にメモを取り始めるのです。ほぼ万人が持つ有り難い習い性を活かして、参加者に手を動かしてもらいましょう。

ポイントは、レジュメのつくり方です。書き留めてもらいたい内容はワザと抜いて空白や空欄をつくっておきます。ただし、やり過ぎると書くのがたいへんですし、白紙と変わらなくなって有り難みがありません。かといって情報を載せすぎると、メモするところが少なくなり、テキストと同じになってしまいます。このバランスがレジュメの妙です。

話し方も気をつける必要があります。書き留めやすいように短く話すことを心がけ、できればホワイトボードなどにポイントを書き出します。すでにレジュメに載っていても、重要なことは口頭で繰り返し伝え、アンダーラインを引くように促します。

図表や絵を描かせると参加者の手元はヒートアップします。まったくの虫食い状態にしてワークシートのように使うのも面白いです。参加者の注意を引き、参加者の意識を集中させる方法をいろいろ考えてみましょう。でき上がった資料は、自分がメモしただけに、大切にしてくれるのも利点です。

2010年12月10日(金)

研修企画力向上を目指すあなたのための
ステップアップ研修

> 書き込み式にする

1. まずは、思い出してみましょう

良かった研修	つまらなかった研修

2. なぜ、わざわざ研修をおこなうのか

- 2つの限界

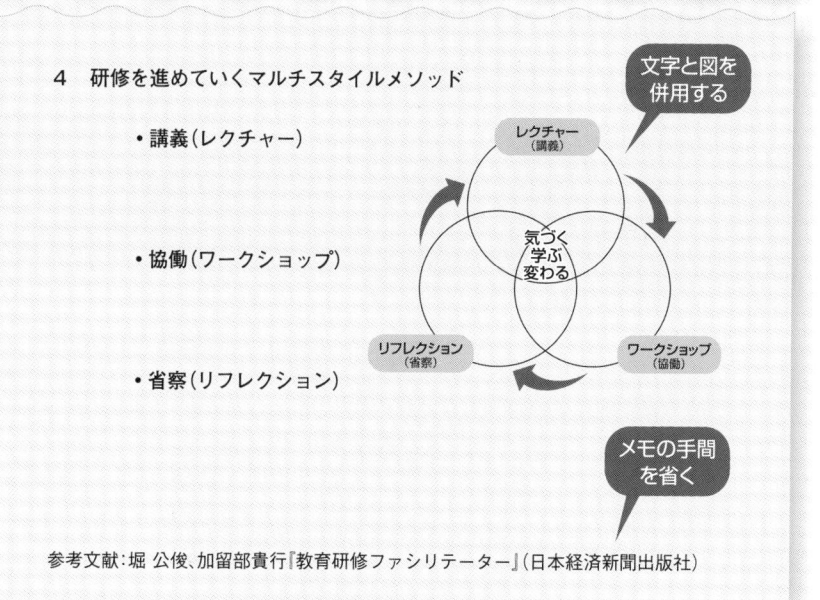

～～～～～～～～～～～～～～～～～～～～

4. 研修を進めていくマルチスタイルメソッド

- 講義(レクチャー)

- 協働(ワークショップ)

- 省察(リフレクション)

> 文字と図を併用する

(図：レクチャー(講義)／ワークショップ(協働)／リフレクション(省察)の3つが重なり合い、中央に「気づく 学ぶ 変わる」)

> メモの手間を省く

参考文献：堀 公俊、加留部貴行『教育研修ファシリテーター』(日本経済新聞出版社)

図表3-04 | レジュメの例

多彩な使い方ができるホワイトボード

　ホワイトボードも見せるための重要なツールで、多彩な使い方ができます。たとえば、重要な言葉を書いて説明する、補足説明として図や絵を描く、その場で思いついたことを書いてスライド代わりにする、参加者からの質問や発言をメモする……などです。ここでは、先ほどのレジュメと連携させる、ちょっと面白い使い方を紹介しましょう。

　あらかじめレジュメに書かれている図表をホワイトボード上でリアルタイムに、まるで「絵描き唄」のように話しながら再現するのです。そして、なぜそのような図表になったかというプロセスを、解説というストーリーに乗せて参加者に追体験してもらいながら伝えていきます。そうすると参加者の理解力は格段に上がり、集中力も高まってきます。レジュメがさらに活きてきます。

　ホワイトボードの最大の強みは「消せる」ということです。その場でいくらでも加除修正ができ、それがあらかじめ準備されたパワーポイントにはない臨機応変さを可能にします。

　ライブ感があるのもホワイトボードの魅力です。たとえば、ホワイトボードをトントンと手や指で叩きながら、「ココがですね…」などと言って指示棒で指すと、目線が下がっている人も顔が上がってきます。重要なところに赤線を引いたり囲んだりすると参加者の手が一斉に動くのが分かります。

図表3-05 | ホワイトボードを活用する

講師の動きに呼応することをリアルに感じられれば「伝わっている」という実感が湧いてきます。ときにはこういったアナログな手法を試してみてはいかがでしょうか。

フレキシブルに使える紙芝居

見せ方でもうひとつ紹介したいのが、ファシリテーターの間で**紙芝居**と呼ばれている方法です。もともとはワークショップをする際に、主にインストラクション（後述）に使う方法だったのですが、レクチャーで使うのも効果的です。

A3〜4の紙に太いマーカーで説明したい内容を大きく書き、紙芝居のように順番に見せながら話をして、ホワイトボードに貼りつけていきます。いわば紙によるスライドプレゼンテーションです。

紙芝居の良さは何といっても"手づくり感"にあります。紙に手書きの文字は味わいがあり、電子紙芝居よりも温かみがあります。貼ったあとで並べ替えたりグループ化したりと、カードのような使い方もできます。しかも、講義中に追加したり順番を変えたりも自由自在にできるのが有り難いです。

短いレクチャーであれば、わざわざパワーポイントを持ち込まなくても、会場に行ってから用意するという荒技も使えます。あとで述べるように、参加者に書いてもらい、質疑応答と組み合わせて使うこともできます。

図表3-06 | 紙芝居

4 【学習方法3】考える

ファシリテーターが質問する理由

相手に考えさせたいときに、人は**質問（発問）**を繰り出します。ファシリテーターが講義中に質問をする目的は大きく3つあります。

1）理解度を確かめる

一方通行で話を進めていると、参加者がついてきているか不安になります。ときどきは理解度を尋ねて参加者の状況をチェックします。また、そうすることで、参加者も講師に質問しやすくなります。

「ここまで、おおよそ理解していただけましたか？」
「何か、分からないことがある方は、いらっしゃいませんか？」

2）必要な情報を得る

講義を組み立てるのに必要な材料を参加者から得るときや、参加者が今ここで感じていることをつかむために質問をします。

「こういった経験がある方がいたら、披露してもらえませんか？」
「眠そうな人がいますけど、ちょっと疲れましたか？」

3）考えさせ、意見を求める

講義の内容を深めるには、参加者が自分の頭で考え、参加者同士が話し合うことが大切です。そのために、参加者の見解を尋ねる質問をします。

「この点について、皆さんはどのように考えますか？」
「今、こういう意見が出ましたが、反対の方はいませんか？」

　ここでは、参加者を考察へと導く3）について述べていきます。あるリーダーシップ研修の中での質問だと思ってください。

答えやすい質問で手を挙げてもらう

　大勢が集まり、集団圧力がかかっている状況で、自己主張が苦手な日本人に意見を述べてもらうのは至難の業です。うまく"そそのかす"技がファシリテーターに求められます。まずは口火の切り方から見ていきましょう。

1）**想起質問から入る**
　「リーダーという言葉を聞いたときに、皆さんは誰（何）を思い浮かべますか？」

2）**クローズドクエスチョン（イエス／ノー質問）から入る**
　「今の総理大臣はリーダーシップ力に優れていると思いますか？」

3）**事実を尋ねる（クイズにするのも効果的）**
　「リーダーシップに関する本って、世の中に何冊くらいあると思いますか？　100冊、1000冊、10000冊？」

4）**過去の経験を尋ねる**
　「今までにリーダーシップについて悩んだことはありませんか？　それはどんなときでしょうか？」

5）**事例から入る**
　「先月……という事件がありましたが、皆さんはどう考えますか？」

この種の質問で大切なのは、誰もが答えられ、答えによってその人自身が"裁かれない"ことです。そうしないと安心して発言ができません。
　できれば、最初は指名して答えさせるのではなく、手を挙げて答えてもらうのが良い方法です。イエス／ノー質問や選択肢を提示して、該当するものに挙手をしてもらうのです。意思表示がしやすいだけではなく、いったん、手を挙げると「一貫性の原理」が働き、続けて意見を表明しようとするからです。

ロジックを確認する

　うまく手が挙がったら、話してくれそうな人を見つけて指名し、自分の言葉で意見を語ってもらいます（手が挙がらない場合は、後述する「バズ」をやってから質問するとよいです）。ファシリテーターは、意見を受け止めたことを伝え、他の参加者に分かるよう復唱し、同時に内容や意図を確認します。このときに、言葉でも態度でも、意見を評価・判定してはいけません。

　「では、Aさん。ご意見をお願いできますか？」
　「なるほど……。じゃあ、Aさんは……だと思うのですね」

　軽い質問ならこれでお礼を述べて終わりですが、そのまま対話に持ち込むときは、「なぜ？」を使って理由や根拠を尋ねておきましょう。

　「なぜAさんはそう思うのですか？　理由を教えてもらえませんか？」

　「なんとなくこう思う」「そんな気がする」では対話になりません。考え方や根拠の妥当性を検討してこそ、考えが深まっていきます。

他の意見を募りパスを回す

　こうやりながら、図表3-07のように質問のレベルを少しずつ上げていきます。そのときに大事なのは、ファシリテーターと参加者の1対1のやりとりに

終始するのではなく、他の参加者を巻き込むことです。**リレー質問**と呼びます。

> 「今のAさんと同じ意見の人はいますか？　では、Bさん」
> 「ではBさんも……なんですね。じゃあ、それとは違う意見はありませんか。2人に反対する意見がある人は？　じゃあ、Cさん」

ファシリテーターの役目は、必要な人にパスを回すことです。参加者同士で自然とパスが回るよう"司令塔"の役割をするのです。

話し合いを交通整理する

もし、みんなが受け取りにくいパスがあれば、助け船を出してあげましょう。いわゆる、論点からズレた意見や、主張や意図が分かりづらい発言です。

> 「Aさんが言ったのは……ということですよね。今、議論になっている……についてはどう考えていらっしゃるのでしょうか？」
> 「要するに（つまり）、Bさんが言いたいのは……ということなのでしょうか？　それを、もう少し具体的に伝えるとすると、たとえばどんなことになるのでしょうか？」

そうやりながら、ときおり交通整理をして、議論の全体像を明らかにすると

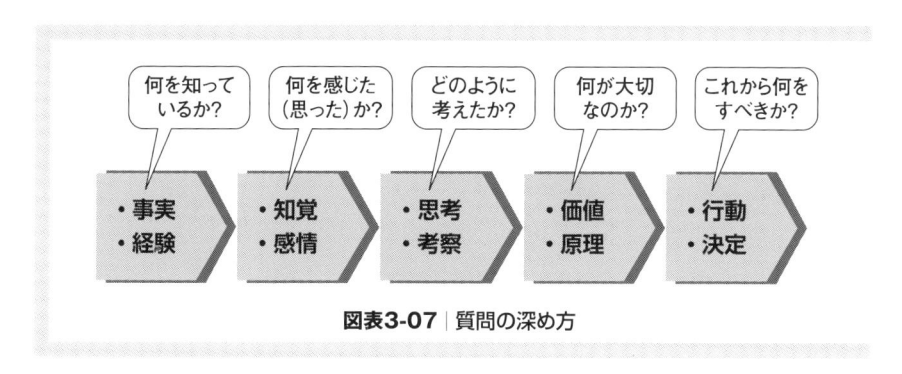

何を知っているか？	何を感じた（思った）か？	どのように考えたか？	何が大切なのか？	これから何をすべきか？
・事実 ・経験	・知覚 ・感情	・思考 ・考察	・価値 ・原理	・行動 ・決定

図表3-07 ｜質問の深め方

ともに、論点を明確にしていきます。

「今まで出たのは、Ａさんに代表される……という意見と、Ｂさんたちの……の意見です。それは……に対する考え方の違いからきており……かどうかが議論のポイントのようです」

5W1Hで視点を広げる

そんな中、議論が煮詰まったり、袋小路に入ってしまったなら、視点を広げる質問を繰り出します。誰も受け取れないような、ピントはずれの乱暴なパスを出す人を軌道修正する際にも使えます。

「どうやらＡさんは……という視点で見ているようですね。では……という観点ではどうでしょうか？」

視点を変える簡単な方法は、5W1Hを変えることです。Who：上司の視点と部下の視点、When：長期的視点と短期的視点、Where：日本の視点とグローバルの視点、といったように。フレームワークを使うのも１つの方法です。詳しくは拙著『ロジカル・ディスカッション』をご覧ください。

あわせて使いたいのが「仮定質問」です。「もしも」「仮に」を使って、思考の制限を取り払って考えてもらうのです。

「では、もし……だとしたら、その場合はどう考えますか？」

これらの質問を使うときは、相手の考えをbut（でも……）で否定せずに、and（では……）でつなげるのがコツです。

タイミングを見計らってキラーパスを送る

そうするうちに場がだんだんとヒートアップしてきます。頃合いを見計らい、

最後のキラーパスを送って、テーマの本質に気づかせるようにします。

> 「両派の意見は……という考え方の違いからくるものでした。それは、もっと大きなことを意味しているのではないでしょうか？」
> 「両派の意見は対立していましたが、不思議なことに……という点では一致していました。ということは、ここにこそ……の本質が隠れているのではないでしょうか？」

議論をクローズする

意見が1つにまとまらなくても、1人ひとりに気づきがあれば対話の目的は達したことになります。みんなが学んだことをレビューして終了とします。

> 「今の対話から私たちは……ということを学びました。おそらくそれは……に関する重要な問題を示唆しているのだと思います」

場合によっては、さらにそれを一般的な知識で概念化したり、次のセッションへとつなげていきます。

> 「それに関しては、ある経営学者が……といった理論を提唱しています。それが本当に正しいのか、次のセッションでさらに深めていきましょう」

パスが戻らなくてもあせらない

これが、質問を駆使して対話をつくり出す、典型的なパターンです。こういった対話を組み込むことで、見違えるほど講義が活気づきます。

このときに気をつけてほしいのが、参加者からの答えをあせらないことです。質問をされてもすぐに答えられず、考える時間が要ります。「待つ」というのはファシリテーターの大切な姿勢です。質問を言い換えたり、二の句を継いだりせず、少なくとも数秒間は待ちたいものです。

パスを送ったあとは、ボールは参加者にあり、ファシリテーターがあわてる必要はありません。パスが戻ってこなくても、「いつまでも待ちますから、ゆっくり考えてください」と言えば、必ず誰かがパスを返してくれます。
　同様に、発言がなかなか出ないからといって、参加者リストや席順を使って指名するのもあまり感心しません。参加者の主体性を損ない、「当てられたら話す→当てられなければ話さない」となってしまうからです。どうしても発言が出ないときでも、目や態度で精一杯促して、指名は最後の手段としてとっておきましょう。

質疑応答を対話の場に

　ここまで述べてきたのは、ファシリテーターから参加者への質問です。これとは逆に、参加者からファシリテーターへの質問もあります。いわゆる**質疑応答**（Q&A）です。これも、講義を参加型にするための大切な場です。
　すんなりと質問が出てくるようなら、先ほどと同じような流れになります。質問の内容や真意を復唱して確認をし、一問一答で答えていきます。
　参加者が自分の意見を披露したくて質問をすることもあり、その場合には質問者に投げ返します。他の参加者を巻き込みたければ、やはりパス回しの質問を参加者に投げかけていきます。

　　「同じような疑問を持った方は、どれくらいいらっしゃいますか」
　　「もし、関連する質問があれば、まとめてお受けしますが……」
　　「あなたはどう思うのか、よかったら聴かせてもらえませんか？」
　　「今の質問に対して、知恵を貸してくださる方はいませんか？」
　　「興味深い質問なので、一度、みんなで考えてみましょうか？」

　ただし、あくまでもファシリテーターへの質問なので、参加者の意見をいろいろ聞いたとしても、「私の見解はこうです」と最後はファシリテーターが答えなければなりません。その上で「こんな答えでいかがでしょうか？」「あなたの知りたいことに少しは近づきましたか？」と確認を怠らないように。

工夫次第でＱ＆Ａは盛り上がる

　講義が長いと、どうしても場が凍ってしまい、質問や意見が出にくくなります。そんなときは、次のような工夫をしてみてください。

1）バズをしてから質疑応答に

　「少し横の方と２人で講義の感想や疑問点を語ってみてください」と５分ほどおしゃべりをしてから質問を募ります。一度口にすることで質問しやすくなります。これはバズという方法で、詳しくは次節で解説をします。

2）紙に書いて出してもらう

　言葉で言いにくいときは書かせるのが一番。付箋紙やＡ４用紙に質問を書いて提出してもらえば、思いの外たくさん集まります。質疑応答の時間配分もしやすく、答えを考える時間も確保できるという、ファシリテーターにとってのメリットもあります。

3）フリップを使う

　同様の方法で、参加者にＡ４用紙とマーカーを配り、大きく質問を書いて頭上か胸の前に掲げてもらいます。それをファシリテーターが眺めて、共通した質問や興味深いものを拾って答えていきます。フリップという方法で、これも次節で詳しく解説をします。

4）会場インタビューを使う

　壇上からではなく、参加者側に入っていって質問する方法です。真横で「いかがですか？」とマイクをつきつけられては答えないわけにはいきません。その場でインタビューをおこなうことで、参加者は場の当事者に変わってきます。

5）携帯電話を使う

　大きな会場での講義で用いられる方法で、講義中に携帯電話からメールで随時質問を送ってもらい、終わったあとに整理して答えていきます。

5 レクチャーで使える実践テクニック

参加者と同じ目線に立つ

　ここでもう一度、インストラクターとファシリテーターの違いを整理しておきたいと思います。一番大きいのは、**立ち位置**（目線）の違いです。

　講義というと、どうしてもインストラクター、すなわち"先生"のイメージが私たちの頭に焼きついています。旧来の研修講師術の本もすべてそのイメージで書かれおり、「講義のときは先生スタイルで」と思い込む人も出てきても不思議ではありません。

　では、そんなインストラクターが講義からワークショップに移ったときに、場の空気はどうなるでしょうか。上から目線の先生が場を凍らせたあとで、自由闊達なワークショップができるでしょうか？　振り返りで忌憚のない感想やホンネが出てくるでしょうか？　講義はうまくいったとしても、研修全体では主体性も相互作用も引き出せなかったということにならないでしょうか？

　確かに、図表3-08でまとめたような一般の講師術でいわれているテクニックは大切です。人の前に立つ以上、これらを身につけていて損はありません。

　しかしながら、学び合いを促進するというファシリテーターの本来の役割を考えれば、もっと大切なことがあります。参加者と同じ目線に立ち、寄り添いながら、参加者の1人としてともに学んでいくという姿勢です。

　講義だろうがワークショップだろうが、ファシリテーターに権威も威厳も要りません。繕わず、誠実に、ありのままの自分を見せることで、参加者も安心して自分を開くことができます。ファシリテーターのあり方が場のムードをつくり、ファシリテーターは場のモデルであり、ペースメーカーです。

　そういう意味では、研修のオープニング（もっといえば、講師の自己紹介）はとても重要で、それを上から目線の先生モードで入ってしまうと、研修その

話し方チェックシート		○	△	×
声	会場の隅まで通る声で話をしていますか？			
	語尾、助詞、接続詞をハッキリと話していますか？			
	早口になりすぎず、適度な速度で話していますか？（1分間に250文字が適当）			
	話に抑揚をつけて、単調にならないようにしていますか？			
言葉	正しい日本語で話すようにしていますか？			
	社会人としてふさわしい言葉遣いで話をしていますか？			
	誤った敬語を使ったり、丁寧すぎる言葉遣いになっていませんか？			
	「あ〜」「え〜」といった口癖はありませんか？			
	参加者に分からない専門用語やカタカナ語を多用していませんか？			
	下品な言葉や差別用語など、相手が不快に思う言葉を使っていませんか？			
流れ	テキストの棒読みにならず、自分の言葉で話をしていますか？			
	重要な言葉は複数回繰り返すようにしていますか？			
	ときどき間をおき、理解度を確認しながら話を進めていますか？			
	質問（発問）のあとは十分に間をおいてから話を進めていますか？			
態度	人の前に立つのにふさわしい服装や髪型をしていますか？			
	さわやかな明るい笑顔で参加者と接していますか？			
	常に研修講師にふさわしい立ち姿を保っていますか？			
	背中を見せることなく、常に参加者に体を開いて話をしていますか？			
	参加者1人ひとりに十分なアイコンタクトを送っていますか？			
	手を組む、腕を組む、ポケットに手を入れるといったことはしていませんか？			
	演台やホワイトボードにもたれかかったりしていませんか？			
動作	余計な仕草やいらぬ動作のクセはありませんか？			
	むやみに指示棒を伸縮させたり、スクリーンを叩いたりしていませんか？			
	ときにはジェスチャーを交えて、体全体で内容を表現しようとしていますか？			
	ときには立ち位置を変えて、単調にならないようにしていますか？			
○:まったく問題なし（4点） △:一部問題あり（2点） ×:大いに問題あり（0点）				

図表3-08 ｜ 話し方チェックシート

ものが一方通行になりがちです。特に、先生稼業を長くやり過ぎて、要らぬ筋肉がついている方は、まずそれをそぎ落とすところから始めてみましょう。

気持ちを態度で表そう

いくら心の中で「参加者と一緒に学ぶ」と言っていても、それが態度に表れないと参加者に届きません。

まずは、姿勢から。常に参加者に体を向けて開き、全員にまんべんなく視線を送って、「一緒に学んでいきましょう」「あなたに向けてしゃべってますよ」「何かあったら受け止めますから言ってくださいね」というメッセージを1人ひとりに送るようにします。

そのためには、必然的に動き回らないといけなくなります。一定時間ごとにスクリーンの左右を動くのはもちろん、前後、すなわち参加者との距離を変えるのも効果的です。参加者の人数が増えれば増えるほど、動きもオーバーになっていきます。そうすることで、講義に動きが出て、退屈な感じが薄れます。

それと気がつかずに地が出てしまうのが質疑応答です。「何か質問ありませんか?」と言ったあとの間合いや、質問が出たときに一瞬見せる表情で、本当に質問を歓迎しているか否かが一発で見破られてしまいます。言っていることと思っていることが食い違う**ダブルメッセージ**にならないよう注意しましょう。

ライブ感を大切にする

もう1つ、インストラクターとファシリテーターが大きく違うのは、前者が予定調和であるのに対して、後者は臨機応変に**ライブ感**を持ってやることです。たとえていえば前者は落語で、後者は大喜利です。

「相手の知りたいこと」を話そうとすると、予定調和ではできません。相手が何を知りたいと思うかは、極端な話、こちらが話をしてみるまで分からないからです。同じ話をしても、相手によってヒットするところが違い、それに応じて話の組み立てを変えていかなければなりません。大まかな話の流れは同じであっても、相手によって紹介する事例を変えたり、説明の仕方や言葉遣いを変

えたり。それには、事前に参加者の興味・関心の度合いや方向性を把握しておくと同時に、その場の空気から読み取る力が求められます。

ところが、こんな話をすると、インストラクターの方から「私たちだって、臨機応変に講義を組み立てている」という反論が出るかもしれません。確かに、参加者のウケに反応して、巧みに話を組み変えたり、質疑応答に当意即妙で答えていく名講師がたくさんいます。

ところが、それらをよく見ると、いわゆるネタをあらかじめポケットに満杯に詰めておいて、状況に応じて出し入れしているだけなのです。スイッチを押せば自動的に何分間か話せるようになっていて、どの話が一番フィットするかの選択を常に考えているわけです。

あまりこればかりやっていると、参加者から斬新な質問やコメントがあっても、その場で答えを考えるのではなく、ネタの中から一番近いものを取り出してお茶を濁しがちなります。これをある講師は「我田引水力」と呼んでいました。それでもネタが面白いので、参加者はそれなりに満足するわけです。

それも講義の1つのスタイルですが、ライブ感を大切にするファシリテーターは、仕込まれた話や用意されたネタをあまり好みません。何回やっても初めてのように語るストーリーテラーの才能があれば別ですが、どうしても話に飽きて力が入らなくなります。第一、それをやっていると、自然とおしゃべりになって、場を支配するようになります。

もちろん、ネタはある程度は事前に考えておかないといけません。しかしながら、それだけで講義を組み立てるのではなく、その場で生まれたものや、自分の中で芽生えたものをうまく話に組み込んでいきましょう。それは参加者と一緒につくった新鮮なものだけに、必ず参加者の心に響きます。急には無理でも、いつかはそれが楽しめるような境地を目指してほしいものです。

確かめ合うことで双方向性が生まれる

参加者と同じ目線に立ち、ライブ感を持ってやろうとすると、必然的に「確かめ合う」という行為が重要になってきます。また、それをすることで、一方通行になりがちなレクチャーに双方向性が生まれます。

まずは、ファシリテーターと参加者との確かめ合いです。話の内容がきっちりと伝わったか、誤解や理解できない点はないか、節目節目で問いかけや質疑応答を通じて確かめていきます。

　参加者同士の確かめ合いも大切です。簡単には、横に座っている人と短いおしゃべりをして「今の話って、こういうことだよね」と互いの理解を確かめ合っていきます。ファシリテーターに質問するのが憚（はばか）られるような疑問点も、隣の人なら気軽に尋ねられます。同じ話を聴いても、人によって受け止め方が違うもので、内容の理解を深めるのに役立ちます。

　ファシリテーターはそれに聞き耳を立てて、参加者がちゃんとついてきてるか、興味や関心に沿った話になっているかをつかみ、組み立ての参考にします。もちろん、理解が足らない点があったら、再度説明や補足をしたりします。

　さらに、主催者側と参加者の間の確かめ合いも大切です。これはアンケートを通じておこなわれることが多いのですが、研修の内容が参加者の期待に沿ったものだったか、レベルにギャップがなかったかを確かめ、次の研修に活かしていきます。

待つことの大切さ

　もう１つレクチャーで忘れてならないのが、「待つ」という姿勢です。これは、ワークショップやリフレクションを含めて研修全般で重要なのですが、レクチャーでは話すことに夢中になる余り、待つことを忘れがちになります。そうなると、講義が一方的になり、相互作用が生まれにくくなります。

　待つという行為は、聴くこと、見守ること、信じることのかけ算です。

　　待つ＝聴く×見守る×信じる

　まずは、参加者の声を誠実に聴きましょう。「それは、こう考えるべきでは？」といった内容に対する意見や疑問もあれば、「よく分からないなあ……」という心の声もあります。そういった声に心を開いておくことが大切です。

　また、講義の内容を理解するには時間がかかります。試行錯誤をしたり、自

分の枠組みに当てはめて考えたり、1人ひとりが咀嚼（そしゃく）をして自分のものにするのを温かく見守ることがファシリテーターに求められます。

　そして最後は信じることです。参加者が自らの力で成長することを信じて、参加者同士の相互作用が必ず花開くことを信じて、寄り添い励まし続けます。

　これらは足し算ではなく、かけ算であるところがミソです。どれか1つでもおろそかになってしまうと、待つという行為全体がダメになってしまうわけです。先をあせらず、うまくいかないからといって慌てず、この人には無理だと諦めず、待つことを心がけるようにしましょう。

話がまったくウケない！

　本章の最後に、講義中によくある緊急事態をどう臨機応変に切り抜けるか。ベテランのファシリテーターが持つ技をいくつか紹介しておきましょう。

　用意周到にテキストをつくり、一所懸命に説明をするのに、なぜか反応が今ひとつ。ウケる話をしようと、いろいろ繰り出すものの、どんどん場が白けていく。そんな恐ろしい経験をしたことはないでしょうか。

　第7章の話にも通じるのですが、そんなときの対処の基本はシンプルです。「分からないことは参加者に尋ねる」です。なぜ、そんな事態に陥ったのか分からない以上、他に方法は考えられません。

　思い切って、「面白くありませんか？」「なんか白けているんですが、どうしてですか？」と尋ねてみましょう。もちろん、それで理由を素直に教えてくれるとは限りません。とはいえ、質問を投げたあとの場の空気や参加者の挙動からヒントはつかめるはずです。多くの場合、次の4つのうちのどれかです。

1) 見えない／聞こえない／もらっていない

　案外多いのがこれです。スライドの文字が小さくて読めなかったり、マイクの具合が悪くて声が聴きづらかったり、テキストを配り忘れていたりです。ファシリテーターからすれば「それくらい言ってくれれば……」と思うのですが、講師＝偉い先生と思っている人からすると言いづらいようです。だから尋ねてみることが大切なのです。

2）内容が期待とズレている

これも非常に多いです。典型的なのが、人材開発部門と現場とのコミュニケーションが悪く、前者が教えたいことと後者が学びたいことがズレている、というケースです。参加者に何を学びたいかを尋ねて、事務局とも相談をしながら、研修の狙いやゴールを再設定する必要があります（多くの場合、参加者側の意見が通ります）。

図表3-09 | 自ら資料を配付する

3）話が通じていない

参加者の期待に沿った話をしていても、内容のレベルが高すぎたり、前提が食い違っていたりして、意味が通じないことがあります。あるいは、ファシリテーターが質問をしたときに、質問の意味が理解できず、反応がまったくないということもよくあります。やはり、内容が通じ合っているか、常に確かめ合うことが重要です。

4）話が面白くない

これは純粋にファシリテーターの責任です。とはいっても、その場で急に改善できるものでもありません。ご指摘は有り難く頂戴するとして、多少の努力はするとしても、その日はそのままやらざるをえません。

ただし、多くの場合、全員がそう思っているのではなく、1人か2人は面白く聴いてくれる人が必ず混じっています。そんな人を見つけて、その人に語りかけるようにして話をしてみてください。だんだん話が乗ってくると、自然と面白くなるはずです。

■参加者が寝だした！

いくら面白い話をしても、参加者の集中力には限界があります。特に、午後一番の「悪魔の時間」に講義は避けるべきですが、進行上、仕方ないときもあり

ます。そんなときの、いくつかの対処法をお話しておきます。

1) ブレイクを入れる

「皆さん眠そうなので、ここらで早めの休憩をとりましょう」と短いブレイクを入れましょう。話の切れ目まで……と無理に引っ張るより、途中でも切って休憩を入れたほうが得策です。休憩中の雑談に耳を澄ませば、ここまでの感想やら講義への期待やら、いろんな話が聴けるはずです。

2) バズを入れる

先ほど紹介をしたバズを活用しましょう。「じゃあ、眠気を吹き飛ばすために、横の人と少しおしゃべりをしてみましょう」とバズをやれば、だんだん声が大きくなり、5〜6分でうるさいくらいにまで場が活気づきます。

3) 会場インタビューを入れる

同じく、先ほど紹介をしたインタビューは、こんなときにも効果的です。最後尾まで足を運ぶと、眠りかけていた人も油断できません。参加者は、一瞬驚いた表情を見せ、すっかり目が覚めてしまいます。

4) 黙る

一本調子の話はどうしても眠気を誘います。急に話をやめて5〜10秒くらい無音の時間をつくると、不思議なもので、「え、何？ どうしたの？」と起き出す人が現れます。ぜひ一度試してみてください。

■ 質問に答えられない！

もう1つファシリテーターがあせるのは、質問に答えられないときです。

いくら完璧な準備をしても、どうしても答えられない質問が出てきてしまいます。そもそも答えが出ないような質問も、世の中に山ほどあります。

質疑応答でもっとも大切なのは「誠実に答える」ということです。

論点をずらして質問をはぐらかす、自分のネタに我田引水をする、代わりに

参加者に答えさせる、関係のないことを話して時間切れを狙う、質問返しにあわせる……という技はすべて禁じ手です。分からないときは、素直に「分からない」と言うのが誠実な態度です。

人は、本当の自分と周囲から期待されている自分とのギャップが生まれたときにストレスを感じたり、あせったりします。分からないのに、分かるようなフリをするから冷や汗をかくわけです。

まずは「分からない」と素直に言ってから、分かる範囲で答えます。参加者からも意見を募り、精一杯その場で答える努力をします。それでも分からなければ、あとで答えると約束するしかありません。そんな誠実な態度を見せれば、質問者も答えに納得できなくても、気持ちの上では納得してくれるはずです。

Column 3　　　思い切りが大切！

　講義をしているうちに話が乗ってしまい、予定時間をはるかにオーバーしてしまう、ということがあります。ライブ感を活かすという意味では必ずしも悪くないのですが、そのせいであとの進行に支障を来すようでは困ります。

　こうなりがちな人は、前もって話す内容を思い切って絞り込んでおくしかありません。パワーポイントでいえば、スライドがそもそも多すぎるのが、こうなってしまう１つの原因です。あわせて、クッションタイムを設けておいて、時間超過の際の保険をかけておくことです。

　それでも、時間オーバーになったなら、思い切りが大切です。あれこれ少しずつ削って帳尻を合わせるのは事態を悪化させるだけで、バッサリと研修の一部をカットしまうのです。

　中途半端に残り全部をやるよりも、一部分だけでもキッチリやるほうが、参加者の満足度も上がります。ファシリテーターにしてもあせらずにすみます。ここ一番で、バッサリと削る勇気を持つようにしましょう。

ワークショップで相互作用を起こす

第4章 予定調和では面白くない！

1 楽しく学べるワークショップ

ワークショップとは？

　参加型研修のメインディッシュとなるのが**ワークショップ**です。ワークショップを直訳すると工房・仕事場・作業場となります。そこから転じて「主体的に参加したメンバーが協働体験を通じて創造と学習を生み出す場」をワークショップと呼びます。

　いくら工夫をしても、講義ではどうしても、ファシリテーターが主導的な立場を演じることになります。反面、参加者の主体性が下がりがちになり、「納得」ではなく「説得」、「学習」ではなく「教育」の色合いが濃くなります。音楽にたとえると、オーケストラの演奏に近いのが講義です。

　これに対して、ワークショップはジャズに近く、最低限の取り決めをもとに、自由にアドリブを楽しみながら、その場、そのときだけの音楽をつくり上げていきます。主役はあくまでも１人ひとりの参加者であり、ファシリテーターは文字通り促進・支援するだけです。

　なかには「ワークショップはお遊びにすぎない」「楽しいけど役に立たない」「不真面目だ」と誤解する人がいます。それは仕事や勉強が「つらいもの」「苦しいもの」だという固定観念があり、楽しいイコール遊びと思い込んでいるからではないでしょうか。本来、創造や学習は楽しいもののはずであり、そうでなくては持てる力が発揮できません。満足感の高い成果が、楽しみながら得られる場こそがワークショップです。

予期せぬことが、起こるべくして起こる

　ワークショップでは必ず予期せぬことが起こり、それは起こるべくして起こ

ったのです。その場そのときに生まれてくる**創発性**こそがワークショップの要です。

　参加者は皆それぞれに経験、考え、思いなどを持ってワークショップに集まります。それらの素材を、いったんワークショップという大きな鍋に放り込んで、みんなでグツグツと煮込んでいきます。

　そうするうちに、人と人の**干渉性**（コヒーレンス）が高まり、共振し合うようになります。それがある臨界点を超えると、「そうだ！」「分かったぞ！」「これだ！」と革新的な状態へと転移し、事前に予想できない新たな学びが生まれてきます。これが、まさにワークショップで起こっていることです。

　もちろん、いつも素晴らしい料理ができるとは限りません。正直にいって、どういう味になるかはやってみないと分からず、分からなくてもどうにかなっていくものです。これこそがワークショップの醍醐味であり、今、ここで起こったことをベースにして、みんなの料理をつくり上げるのがワークショップなのです。

アクティビティの選択が決め手になる

　ワークショップを研修で活用する際の決め手は、参加者にどんな活動をさせるか、アクティビティの選択です。ここでは研修でよく使うアクティビティを3つに大別して、ファシリテーションのポイントを説明します。

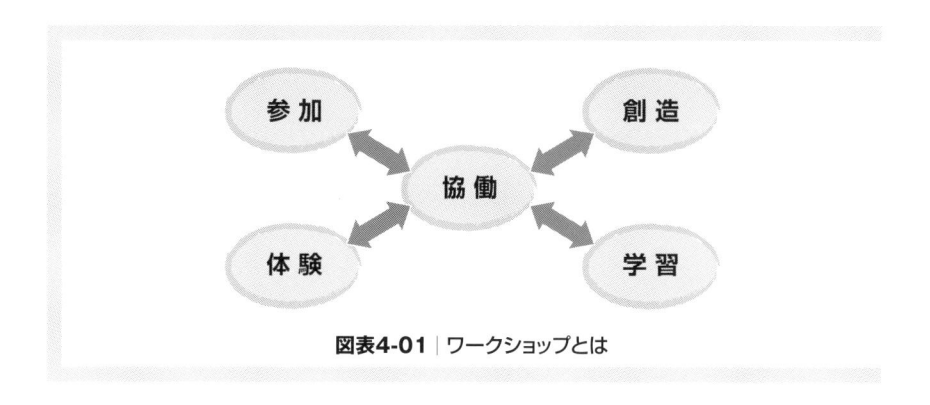

図表4-01｜ワークショップとは

【学習方法4】話し合う
　話し合いはワークショップの中心をなすアクティビティです。会話、対話、議論と話し合いのやり方を変えれば、引き出される資源と相互作用の質が変わってきます。また、これらを組み合わせて総合的なワークショップ技法として開発された話し合いの手法もあります。

【学習方法5】体験する
　体験に勝るワークショップの資源はありません。過去の体験やテーマに対する今の思いなど引き出すアクティビティは、ワークショップに欠かせないものです。あるいは、研修の場でみんなで同じ体験を味わい、そこから学びを引き出していきます。

【学習方法6】創作する
　自分たちの考えや思いを創作という名の協働作業を通じてぶつけ合い、大きな相互作用を起こしていきます。それと同時に、それまでの活動を集約し、成果物にまとめていきます。創作の形は多岐にわたり、表現方法によって生み出されるものが違ってきます。

　これらは単独で用いることもあれば、組み合わせて使う場合もあります。研修ゲームを体験して、そこで気づいたことを話し合い、得た教訓を1枚の絵でまとめる、といった使い方です。こういった組み合わせのパターンを詳しく知りたい方は拙著『ワークショップ・デザイン』を参照ください。

アイスブレイクで緊張を溶かす

　これらに加えて、**アイスブレイク**と呼ばれるアクティビティを、ワークショップでは冒頭ないしは途中に適宜はさんでいきます。
　アイスブレイクとは、その名の通り「アイス」（＝カチカチにこわばって冷え切った）心と身体を「ブレイク」（＝砕く、解きほぐす）することです。
　初対面の者同士が集まると緊張した雰囲気が漂います。それが必要な場合も

ありますが、やはり穏やかでリラックスした雰囲気のほうが場は活性化していきます。そこで、場の緊張感を解きほぐしていくためにアイスブレイクが必要となります。

　アイスブレイクは、参加者や場の状態を見極めて、目的に合わせて使います。たとえば、会社の役員にゲームっぽい活動をしてもらうのは気がひけますし、よく知った者同士であえてやる理由もありません。目的を持ってアイスブレイクをおこなわないと、「なぜ、こんなことをやるの？」と参加者に唐突感を抱かせることになりかねません。

　アイスブレイクには、参加者同士を打ち解けさせるだけではなく、疲れている人たちを活性化させる効果もあります。一般的にはワークショップの導入部に使われることが多いのですが、１日研修の昼休み後のスタート時や長時間プログラムの気分転換で使うこともあります。その後のメインプログラムへの円滑な導入を徐々におこなうためにやるケースもあります。

　しかし、せっかく場の空気をほぐそうと思っても、ファシリテーター自身が緊張してしまっては、かえって場を緊張させてしまいます。ファシリテーターの心理状態は良くも悪くも場に伝染します。深呼吸をしたり水を飲んだりして、自分がアイスブレイクしておくことが大切です。自分自身が緊張していることを参加者に告白しておくと意外とリラックスできるものです。

　次ページに企業研修で使える代表的なアクティビティを載せておきます。たくさん覚える必要はなく、身の丈で確実に自信を持ってできるネタを１つでもよいので持っておくと心強いです。あとはそれを楽しみながらとことん使いこなしていきましょう。ネタの数を増やしたい方は拙著『チーム・ビルディング』を参照ください。

図表4-02 ｜ アイスブレイク「ひとこと自己紹介」「漢字クイズ」

参加者チェック　　　代表例：手挙げアンケート

●狙い／特徴
　ワークショップに参加させる一番簡単な方法です。同時に、参加者の傾向や思いをつかみ、進行に活かしていきます。アイスブレイクに参加するのを躊躇する年代や階層でも気軽に参加できます。

●基本の進め方
　参加者に対していくつかの質問を投げかけ、該当する人にはその場で手を挙げてもらいます。問い方は、イエス／ノーで答えられるものか、選択肢の中から選んでもらうものが適しています。
　たとえ少しであっても、身体を動かすことで場に動きが出てきます。問う内容によっては、あとのテーマに対して考え始めるきっかけを提供することになります。何よりも手を挙げる行為そのものが参加している雰囲気をつくります。本格的にやる場合は、番号や○×の札を用意すると、ゲーム的な要素も生まれて場に楽しさを演出することができます。

●展開／応用
　どのような「問い」を投げかけるかで、得られるものが変わってきます。
- 属性を尋ねる　「初参加の人は？」「本社の人は？」
- 気分を尋ねる　「気分がブルーの人は？」「ワクワクしている人は？」
- 動機を尋ねる　「自らの意思で来た人は？」「上司から言われて来た人は？」
- ニーズを尋ねる「今の部屋の温度が暑いと感じる人は？」
- 知識を尋ねる　「○○という言葉を初めて聞いた方は？」

　さらに、意思表示の仕方を、腕の角度、グーチョキパー、指の本数など工夫を凝らすことで、変化をつけることもできます。
　ただし、全員に一度は手を挙げてもらうことを忘れないように。「イエスの人は？」と訊いたあとは、必ず「ノーの人は？」と尋ねます。そうすることで、全員に意思表示をさせて、研修に巻き込んでいくわけです。

●その他のアクティビティ
- 人間マトリクス
　　会場に仮想の線を引き、選択肢（例：賛成／反対、朝型／夜型）を設定して、自分の意見のところに立ってもらうことで、参加者の傾向をつかみます。
- みんな、集まれ！
　　ファシリテーターの質問に誰かに回答してもらい、それに共感できる人は、回答者のそばに集まることで意思表示をします。

自己紹介

代表例：ひとこと自己紹介

● **狙い／特徴**

自己紹介で、名前や所属を話すだけでは人となりが伝わってきません。何を話してよいか分からない人や、逆に話しすぎる人も現れます。いくつかのテーマを与えることで、安心して話せる雰囲気をつくり、互いの交流を深めていきます。

● **基本の進め方**

まず、参加者に付箋やコピー用紙を1枚ずつ配布します。コピー用紙の場合は、2回折って広げて「4つの窓」をつくります。

ファシリテーターは、①名前、②所属、③ニックネーム、④今日の気分、といった項目をホワイトボードに書き出し、これらの内容を用紙に大きめに記入してもらうように促します。できれば、太いペンを使って、他の人から見えやすくします。

そのあとで、書いた内容をみんなに見せながら、そこに書かれていることだけを、自己紹介として話してもらいます。書く、話す、聴く、見るなど、いろんな動作を入れることで、雰囲気をほぐしていくわけです。

● **展開／応用**

テーマを工夫することで多彩な展開ができます。単に自己紹介に留める場合は、季節ネタ、時事ネタ、趣味（マイブーム）、特技などを投げかけるのが、参加者に余計なストレスが少なくてすみます。

もう少し踏み込んで性格を知りたければ、「動物にたとえると」「車のパーツでいえば？」といった項目なら抵抗感なく話ができます。「最近あった嬉しかったこと」（グッド＆ニュー）や「今の気分を漢字1文字で」も、人柄をつかむのに効果的です。

あとのプログラムにつなぐための項目を1つ入れておくのも良い方法です。たとえば、コミュニケーション研修で「最近言われて嬉しかった一言は？」といった項目を入れて、あとのテーマを考えるきっかけにします。

● **その他のアクティビティ**

・呼ばれたい名前

肩書や役割から離れ、1人の人間として議論に集中するために、ワークショップの間だけ使う「自分が呼ばれたい名前（ニックネーム）」を決めてもらいます。自己紹介では、その名前の由来から話を始めます。

・他己紹介

知らない人同士でペアを組み、互いに3〜5分間ずつ自分自身のことを話します。このときに、聞き役は聴くことに徹します。インタビューが終わったら、順番に相手のことを1分程度で他の参加者に紹介していきます。

クイズ

代表例：○×クイズ

● **狙い／特徴**

頭を柔らかくすると同時に、テーマへの関心を刺激するのに適しているのがクイズです。チャレンジ精神や競争心をくすぐり、誰もが抵抗なくできるという利点があります。

● **基本の進め方**

研修のテーマに関係する二者択一のクイズをつくって、正解（○）か不正解（×）を挙手で答えてもらいます。たとえば、メンタルヘルスに関する研修であれば、「メンタルヘルスという言葉が生まれたのは1985年である」「一部上場企業の従業員の5％がメンタルヘルスの問題を抱えている」といったクイズを出していきます。

いきなりで難しいときは、時事問題のような一般的な話題から研修のテーマへと誘導していくようにします。複数のクイズを出すときは、やさしいものから選択に悩む難しいものへと並べていきます。

● **展開／応用**

競争心を煽りたければ、○のカードと×のカードをA4用紙でつくって、挙げてもらうとよいでしょう。部屋の真ん中に線を引いて、○のゾーンと×のゾーンに移動してもらうのも楽しいです。○と×の2択では簡単すぎる場合は、選択肢をもっと増やして、チーム対抗で正解数を競うと盛り上がります。

これを発展させれば、研修のテーマに関するテストになります。たとえば、20問程度の○×筆記試験や専門用語の意味を記述させる、といったやり方です。

ただし、あくまでも研修の導入として使うもので、これから、学ぶべきテーマの基礎知識を確かめるものでなければなりません。テストの内容を、自分の日頃の行動や傾向に関するものにすれば、自己診断にもなります。

● **その他のアクティビティ**

- 漢字クイズ

  「カン」「コウ」「ショウ」など何通りにも漢字表記できる読みを示し、いくつ漢字が書けるかを競います。個人で競っても、グループで競っても盛り上がります。「-mentで終わる単語」と英語版にすることもできます。

- 穴埋め問題

  文章の一部分を虫食い状態にして配り、皆に空いたところに入る適切な言葉を考えてもらいます。たとえば、ビジョンをつくる研修で会社の経営理念を題材にする、アイデア発想が必要な研修で新聞記事を題材にする、などです。

グループ分け

代表例：ネームラインナップ

●狙い／特徴
　ワークショップでは、グループをつくって共同作業をすることが多くなります。事前に主催者のほうでグループ分けをすることが多いのですが、「なぜ、この組み合わせなの？」と思う人も出てきます。であれば、アイスブレイクを兼ねて、その場でグループをつくってみましょう。

●基本の進め方
　部屋一杯に参加者に一重の大きな輪をつくってもらいます。そして、参加者の名前の50音順になるように、並べ替えてもらいます。輪ができたら、先頭の方から名前と所属くらいを順番に大きな声で述べてもらい、うまく並んでいるかをチェックしながら自己紹介代わりとします。

　次に、先頭の人を決め、順番に番号をコールしてもらいます。コールしてもらう番号はつくりたいグループ数で決めます。たとえば、5つのグループをつくる場合は、「1、2、3、4、5、1、2、……」といった具合です。そして、同じ番号同士でグループをつくります。ファシリテーターは、参加者が輪をつくっている時間を利用して、ホワイトボードに会場見取り図を書き出し、机の島に番号を振って書いておくと、席を移動する際に混乱もなく短時間で次の作業に入れます。

●展開／応用
　50音順に並ぶ「ネームラインナップ」の他に、誕生月日順（年は入れません！）に並ぶ「バースデーラインナップ」、会場に到着した順に並ぶ「ゴールラインナップ」、経験年数が長い順に並ぶ「キャリアラインナップ」などがあります。

　輪をつくるときに、声を出さずにジェスチャーだけでつくると、より深いコミュニケーションをとるようになります。せっかくみんなで輪になっていますので、時間が許せば輪を活かせる他のアイスブレイクをいくつか取り入れて一体感を醸成したあとに、グループ分けをする方法もあります。

●その他のアクティビティ
- **甘い仲間たち**
　会場の入口にアメ（お菓子）を入れた箱を準備し、好きなアメを1つとってもらってから、そのアメの名前が書かれた札が置かれているテーブルに着席してもらいます。
- **瞬間グループ分け**
　全員が集まった場で、「初対面の人同士」「同じ血液型同士」「違う部署同士」「好きな色が同じ人同士」などテーマを示して、即興でグループをつくってもらいます。

インストラクションと場のホールド

ワークショップでは、ファシリテーターは、参加者の主体的な活動に委ね、あれこれ指図することはありません。とはいえ、活動をスムーズに進行させるために、やらないといけないことがいくつかあります。

まずは、アクティビティのやり方を参加者に説明する**インストラクション**です。これがまずいと迷子がたくさん出て場が混乱するだけではなく、アクティビティが当初の狙いを達成できなくなります。人数が多くなればなるほど、全員にやり方を徹底させるのは骨が折れます。

ワークショップが始まったら、活動は参加者に委ねつつ、場をしっかりと**ホールド**（保持）して、常に手綱を握っておきます。場を見守りながら、そこで起こっていることを観察して、臨機応変に状況に対応をしていきます。

メンバーだけで対処できないことが起こったら、活動に割って入り、修正を施します。これを**介入**と呼びます。状況によっては、予定していたプログラムの変更を迫られることもあります。良きにつけ悪しきにつけ、予期せぬことにも機敏に対応していくことが求められるのです。

ここでインストラクションのやり方について述べ、アクティビティ中でのファシリテーターの振る舞いについては、本章の最後にまとめてお話をしたいと思います。

インストラクションのやり方

分かりやすいインストラクションのコツは、What、Why、Howの順番で説明することです。要は、聞き手が知りたい順番で説明すればよいのです。

1）What（ゴール）

まずは、今から何をするのか、課題の内容や目指す成果物を明らかにします。でき上がりの見本があればそれを提示するのもよいでしょう。

「今から、互いの共通点を探してメモをするゲームをします」

2) Why（狙い、目的）

次に、そのアクティビティの目的を明らかにします。人は意味を求める動物であり、意味のないことはやりたくありません。意味を取り違えると、ゴールを見誤る恐れもあります。

> 「午後のワークに備えて、できるだけ多くの方と知り合いになってもらうのと同時に、話す、聴くといったコミュニケーションの練習をするのが狙いです」

3) How（やり方）

そして最後に、アクティビティの進め方を説明します。理解の度合いを観察しながら、立て板に水にならないよう、ステップを追って短い言葉で説明するのがコツです。一通り説明を終えたら、モデルとなる手本を見せ（モデリングと呼びます）、最後に理解できなかった点がないかを確認します。

> 「まず、皆さん1枚ずつA4の紙とペンを持ってください。次に……」
> 「では、一度、私のほうで見本を見せます。たとえば……」
> 「以上が共通点探しの進め方ですが、何かご質問のある方は？」

■ 安全保障のためのグランドルール

ワークショップを安全におこなうためには、その場の約束事であるグランドルールが大切です。ワークショップ全体で必要なものもあれば、アクティビティごとに必要なものもあります。「経験から学ぼう」「お互いから学ぼう」「楽しくやろう」といったものです。

できれば、一方的に押しつけるのではなく、みんなでつくりたいものです。とはいえ、あらかじめ用意しておかざるをえず、「こんなルールで今日はやってみませんか？」と、必ず同意をとるようにしてください。

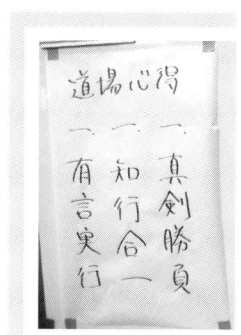

図表4-03｜グランドルールの掲示

2 【学習方法4】話し合う

研修における話し合いの意義

　1人で学んでいると、新しい知識を習得しても、自分の経験や理解の範囲で受け止めてしまい、考えが広がらないことがあります。自分の考えが絶対に正しいと思い込み、それを確認するために学ぶという人もいます。そんな学び方では、何のためにわざわざ集まったのか分かりません。

　研修では、とにかくいろんな人と「話し合う」ことです。他人に照らしてみれば、自分にないものに気づきます。逆に、大丈夫だという安心感や意外な自信を持つこともあります。自分の率直な状態を確かめられると同時に、話していく中で考え方が整理されていくことも少なくありません。

　自分以外の他人と向き合うこと、すなわち自分とは違うものに触れることは、新しい自分への発見にもつながります。話し合いの相互作用はそこにあり、一方的な場ではなかなか得られないものです。

　また、ただ単に語り合うことだけでも、じっとしてまったく話さない状態よりも楽しいものです。ひょっとすると、もっとも大きな収穫は、そこに居合わせた人たちとの出会いそのものなのかもしれません。

　研修に参加する多くの方は「もっと話したい」「他の人の意見や感想をたくさん聞きたい」「自分を確認したい」というニーズを持っています。それに応えるのに最適なのが話し合いです。

話し合いの3つのモード

　話し合いを効果的に使うために考えないといけないことがいくつかあります。1つめは、話し合いの形式です。話し合いのやり方によって、生まれてくる相

互作用がまったく違うものになるからです。普段何気なくやっている話し合いですが、大きく３つのモードがあります。あとで紹介する話し合いのアクティビティも３つのうちのどれかになっています。

1）人と人をつなぐ「会話」

会話とは交流のための話し合いです。その目的は、情報や気持ちを交換しながら、知識や経験を共有し、関係性を深めることです。普段やっているおしゃべり（雑談や井戸端会議）がまさにそうです。知っていること、思っていることを自由に話しながら、受け止め合っていきます。それで特に結論が得られるわけではなく、「なるほど、そう思うんだ」と分かれば十分です。

2）新しい考えを生み出す「対話」

それに対して**対話**は、探求と発見のための話し合いです。たとえば「リーダ

	会 話 （カンバセーション）	対 話 （ダイアログ）	議 論 （ディスカッション）
目的	交流・共有	探求・発見	結論・合意
状況	おしゃべり （井戸端会議）	炉辺の語らい （哲学・思索）	各種会議 （交渉・ディベート）
やり方	・結論を出そうとせず、思いつくままに話す ・話の道筋を気にせず、自由な会話を楽しむ ・理解よりも共感を求め、同じ気持ちを持ち合うようにする ・場が白けないよう、真剣に話しすぎない	・結論をまとめようとせず、探求を続け、新しい仮説を導く ・主張（語ること）と探求（考えること）のバランスをとる ・判断を保留し、対立を恐れず、新たな考えを出し合う ・隠れた前提（思い込み）を疑い、多様な視点から考える	・意見をぶつけ合い、より良い答えを導き出す ・自説の正しさを主張して相手を説得する ・事実に基づいて、論理的に話し合う ・全員が納得する合意をつくり上げる
フレーズ （例）	・ねぇ、私の話を聞いてくれませんか？ ・そうだよね。それって確かにあるよね… ・ところで、話は全然変わるけどさあ…	・なるほど。だったら、こんな見方もあるのでは？ ・でも、それって本当にそうなんでしょうか？ ・こういう考え方についてはどう思いますか？	・それは、…の点で間違っています ・そこは…と考えるべきではないでしょうか？ ・今回は、…ということでよろしいですか？

図表4-04 │ 話し合いの3つのモード

ーシップとは何か」というやや哲学的なテーマに対して、みんなでいろんな考え方を出していきます。そうしながら「なるほど、それは気づかなかった！」という本質的な考え方を探していきます。Ａという考えとＢという考えがあったら、その上をいく新しいＣという考えを探し出すのが対話です。

3）納得できる答えを導く「議論」

　交渉のように、異なる意見をぶつけ合い、最良の意見を選び取る（またはつくり出す）のが**議論**です。合意形成や問題解決を目的とした話し合いで、やり方は普段の会議と同じです。互いの意見を戦わせ、論点を整理しながら、全員が一致できる結論を見つけ出します。Ａという意見とＢという意見があれば、どちらか優れたほうを採用するか、（Ａ＋Ｂ）／２にするのが議論です。

ルールを使って舵取りしよう

　といっても、多くの参加者は３つの違いに気づいていません。ビジネスパーソンの習い性なのか、話し合いといえば議論しかないと思っている"職業病"の人もいます。こういうときこそインストラクションが大切になってきます。

　たとえば、会話をさせたいときは、「軽くおしゃべりをしてみましょう」と言って誘導します。対話であれば、「無理にまとめる必要はなく、『なるほど！』とみんなをうならせる考えを探してみましょう」と告げます。議論は「30分で○○の結論を出してください」と、どんな成果を出すのかを示すのが一番の方法です。

　もう少しきっちりやりたいときは、グランドルールを設定するようにします。図表4-05に代表的なものを挙げておきますので、場の状況に応じてアレンジして使ってみてください。

　一方的に自分の話ばかりする人や、他人の人格を攻撃するといった"問題児"に対処するためにもルールは大切です。話し合いがうまくいくかどうかはルール次第、その場に合ったルールをあらかじめ用意しておきましょう。

人数と場づくりに工夫を凝らす

　話し合いの２つめの要素は、どんな場で話し合うかです。具体的には、集団のサイズと座席のレイアウトです。

　これについては、第２章で詳しく紹介しました。集団のサイズを使い分けながら、それにふさわしい座席のレイアウトを考えます。

　グループに分かれて話し合うときは、それぞれのグループの中からファシリテーターを出してもらうようにします。その際は、簡単に進行のポイントを説明してあげると、初めての人でも不安なくリードできるようになります。

会話	年齢や肩書きを忘れて、対等な関係で話をする。 互いの話をよく聴いて受け止め、共感し合う。 思ったことを素直に出し合って、ホンネで語る。 真剣に話しすぎず、相手をやっつけない。 無理に話をまとめたり、決めつけたりしない。
対話	発言をよく聴き、判断を保留して探求する。 言葉にこだわり、自分の経験をもとに語る。 思い込みを打ち砕き、多様な視点で考える。 対立を恐れず、新たな考え方を探し出す。 無理にまとめず、意味の発見を楽しむ。
議論	事実に基づいてゼロベースで考える。 立場を離れて、すべて自分事として話し合う。 愚痴や文句を言わず、粘り強く前向きに議論する。 聖域をつくらず、思い込みや決めつけをはずす。 チーム全員のコンセンサスを大切にする。

出所：堀 公俊『チーム・ファシリテーション』朝日新聞出版

図表4-05 ｜話し合いのグランドルール例

バズ

● 狙い／特徴

どんな場面でも手軽に使えるのが「バズセッション」です。「バズ」とは、ハチがブンブンいっている状態を表現したもので、参加者がワイワイ話している状況をイメージしてください（ワイガヤといったほうが分かりやすいかもしれません）。バズをワークショップの中にうまく組み込むことで場が活気づいてきます。

● 基本の進め方

バズセッションとは、その場に居合わせた２〜４人ぐらいで軽いお話（おしゃべり）をするアクティビティです。時間は数分程度、長くても１０分くらいまでです。席の隣同士や前後の人でちょっとした意見交換や感想を述べ合うなど、その場の即興で短時間に無理なくできるのが特徴です。

大勢の前で話すのとは違い、少人数で話すため、気兼ねなくおしゃべりできるのが最大のメリットです。対話や雑談の原形にもっとも近いスタイルでもあります。

● 展開／応用

机やイスが動かせない会場やスクール形式でグループワークがしづらいときに積極的にバズを活用してみましょう。固定席での授業でときおりテーマを投げかけて場に緩急を持たせる、講演形式の研修で講演テーマに関して少人数で話してもらい問題意識を共有する、といった使い方です。

隣同士ばかりでつまらなければ、前後左右の４人でやる方法もあります。階段教室のような固定型の座席で研修をするときに、奇数列の人に後ろを向いてもらい、即席の４人グループをつくる、といった方法です。互いの距離が近いので、バズをやると大いに盛り上がります。

こんなふうに、場所や時間の制限があって、大がかりなアクティビティができないときに、参加性を持たせるのにバズは重宝します。「手挙げアンケート」（P118参照）と同様、アイスブレイクに躊躇する人がいる場合にも効果的です。眠気覚ましにおこなうのもよいでしょう。

さらに、講義の中で、ファシリテーターが自分の時間が欲しいときにバズセッションに持ち込むという裏技もあります。インターバルを利用して次の準備やさまざまな対応をすませてしまうのです。だたし、多用すると場がだれてしまうので、頼りすぎず、目的を持って使うようにしましょう。

ペアインタビュー

●狙い／特徴

いきなり大勢で話し合うのに抵抗があるときは、2人から始めるのが一番です。2人なら気兼ねなく話ができますし、一度しっかりと話を聴いてもらえたら、みんなの前で披露する勇気も湧いてきます。バズと同様、ワークショップのいろんな場面で使える汎用的なアクティビティです。

●基本の進め方

近くの人と2人でペアをつくってもらいます。片方は語り手、もう片方は聞き手になり、どちらが先に語るかを決めます。ファシリテーターが「最近、困っていること」「研修テーマについて思うこと」といったテーマを告げたら、5分から10分程度、語り手に一方的に話をしてもらいます。

聞き手は、それをしっかりと受け止め、聞き役に徹します。軽くメモをとるのもよいでしょう。しかしながら、議論をしたり、自分の考えを語ってはいけません。話が滞りがちなときは、誠実な興味を持って質問をして、話を促すようにします。

片方が終わったら、役割を交代して、同じ時間だけ語ります。双方1人ずつ語り、しっかりと聴き合うことで、深い意見交換ができるわけです。

●展開／応用

ペアインタビューと他己紹介を組み合わせて使うことがよくあります。2～3ペアでグループになって、自分が聞いた話を他のメンバーに順番に紹介していくのです。ただし、このときは、聞いた話をコンパクトに伝えないと、時間がかかってしまいます。

やってみると分かりますが、自分の話を人に紹介してもらうのは嬉しいものです。聞き手のほうも、あとで紹介が待っているとなると、しっかりと聴くようになります。なかには見当違いの話を伝える人もいますので、本人が訂正する時間を与えるようにしておくとよいでしょう。

最近、ペアインタビューのテーマでよく用いられるものに「ハイポイント」があります。今までの経験の中で最高の瞬間をインタビューで聞き出すのです。そうすることで、自分の理想とする姿のイメージを明らかにできます。「ハイポイントインタビュー」や「ヒーローインタビュー」とも呼びます。

また、インタビューの内容が多岐にわたる場合は、あらかじめ質問項目を書いた「インタビューシート」を用意すると便利です。

グループ討議

代表例:ブレーンストーミング

●狙い／特徴
　グループで話し合う方法はたくさんあります。みんなでアイデアを出し合うときによく使うのが「ブレーンストーミング」(ブレスト)です。

●基本の進め方
　ブレーンストーミングには次の4つのルールがあります。これを守りながら、討議テーマに沿ってアイデアを次々と出していきます。
- 自由奔放:どんなアイデアでも大丈夫。制限はまったくなしです
- 批判厳禁:ただ、人のアイデアへの批判や評価はできません
- 便乗歓迎:ドンドン悪乗りして、発想を広げていきましょう
- 質より量:まずは量。質の高いアイデアは量から生まれます

　テーマは「○○を改善する方法は」「○○をするにはどうすればよいか」といった発想力を求めるものであれば何でもOKです。アイデアの目標数を設定し、時間を区切ってチームで競わせて場を盛り上げることもできます。
　アイデアは、誰かが代表して書き出していくのが一般的です。結論をまとめる必要はなく、時間がなくなったところで終了です。最後に、アイデアを軽く振り返ったり、グルーピングして分かりやすくしておくと、あとで使いやすくなります。

●展開／応用
　ブレストは研修のいろんなところで使えます。たとえば、新任営業リーダー研修で販売促進に向けたアイデア出し合う、新設された部署のスタッフ研修で各々の思いや知識を出し合ってチームづくりをおこなう、新任PTA役員研修で地域での課題解決のアイデアを共有しながら仲間をつくる、などです。いずれの場合も、ブレストのあとはペースチェンジ(=時間の流れの切り替え)をして、いくつかのアイデアを抽出して吟味していくなど、次のアクティビティへとつなげていきます。

●他のアクティビティ
- 4つの窓
　　ホワイトボードに4つの問いを書いて、順番に議論をして埋めていきます。「リーダーズインテグレーション」の4つの問いが有名ですが、問いを変えることでいろんな場面に応用できます。
- ペイオフマトリクス
　　アイデアをたくさん出したあと、実行が容易⇔困難、効果が大きい⇔小さいの2軸でアイデアを評価します。最適なのは、実行が容易で効果が大きいアイデア。逆に実行が難しく、効果が小さいものは時間のムダです。

ディベート

●狙い／特徴
ディベートは、テーマに対する理解を深める優れた手法です。同時に、論理的に考えて議論をする能力を鍛え、立場が異なる人の考え方（思考のプロセス）を理解することにもつながります。

●基本の進め方
与えられたテーマに対して、賛成派と反対派に分かれてチームをつくります。メンバーには、自分が賛同できるほうを選んでもらい、なるべく数のバランスがとれるようにします。

それぞれのチームは、作戦会議を開いて、どうやって相手を論破するかを考えます。それが終わったら、主張、質問、反論を繰り返しながら、議論を戦わせていきます。

正式なディベートでは、審判員が勝敗を判定するのですが、ワークショップではそこまでは必要ありません。それよりは振り返りをきっちりやって、そこから何を学んだかを議論するようにしましょう。

●展開／応用
ディベートは、ワークショップの定番のアクティビティの1つであり、中盤以降にテーマをもう一段深掘りするのに使うと効果的です。不慣れなメンバーが多い場合は、意見や論拠を紙などにまとめてから議論するとよいでしょう。ディベートが終わってから、もう一度意見を書き出して、前後でどう変わったかを比較するのも面白いです。

●他のアクティビティ
- ロールプレイディベートゲーム

  自分の主張とは関係なくランダムにチームを分けたり、あえて自分とは違う立場を演じて、ディベートをゲームとしてやる方法です。与えられたテーマに対して賛成派と反対派に分かれてチームをつくり、軽い作戦会議ののち、相手の考えを論破すべく主張、質問、反論を繰り返します。

- パネルディスカッション

  3〜5人のパネリスト（専門家）を集め、定められたテーマについて議論を戦わせ、テーマに関する知識を深めていきます。パネリスト同士の議論だけではなく、聴衆をも巻き込んだ議論に発展するように持っていくのが、退屈な意見の開陳に終わらせないためのポイントです。

親和図法

● 狙い／特徴

　付箋やカードを使って意見をまとめていく方法です。全員を参加させやすい、合意形成のプロセスが体感できる、意見がまとめやすいなどの特徴があり、ワークショップの定番の技法のひとつです。

● 基本の進め方

　テーマについて全員で軽く話し合ってレベル合わせをします。そのあとで、各自の思いを付箋に書き出します。このときに、内容が誰でも分かるようで短い文章にするのがコツです。1人10枚くらいを目標にするとよいでしょう。

　次に、順番に付箋の内容を発表し合い、ホワイトボードや模造紙に貼りつけていきます。このときに似たような内容のものは近くに並べるようにします。発表を聞いて思いついたアイデアはいつでも追加して構いません。

　小さな塊となった付箋をグループ化（枠囲み）してタイトルをつけます。ここでいうタイトルはいわゆる表題ではなく、グループ内のアイデアをすべて統合したアイデアを意味し、必然的にそれも短い文章となります。

　小グループのタイトルがすべてついたら、タイトル同士を見比べて中グループをつくり、同じようにタイトルをつけます。この作業を繰り返し、小グループ、中グループ、大グループと階層的にアイデアをまとめていきます。

　最終的に3〜5つの大きなグループに整理できれば、グループ同士の関係を議論して矢印で結んでいきます。その上で、全体を見ながら「全員が言いたかったこと」を1つの文章にまとめていきます。

● 展開／応用

　親和図法は、ワークショップのどこで使うか、タイミングの見極めが成功のカギとなります。あまり議論が成熟していない段階でやると、いろんなレベルの意見が出てしまい、まとめるのに苦労します。ある程度、メンバーのレベルがそろってきた段階で使うようにしましょう。

　ときどき頭の回転が速い人が先走って1人で作業を進めてしまうことがありますが、それだとみんなでやる意味がありません。また、目的がアイデア整理と勘違いして、大グループ→中グループ→小グループと作業を逆に進めてしまわないよう気をつけてください。

　ポイントは、タイトルのつけ方で、「優れたリーダーシップ」「モチベーションの向上」といった抽象的な言葉でまとめてしまうと、意味不明の結果になってしまいます。元ネタの付箋を捨てても意味が通るくらいのタイトルを考える必要があり、上位の階層にいくにつれて文章が段々長くなるはずです。

ダイアログ

代表例：ワールドカフェ

● 狙い／特徴

　カフェで語り合うような雰囲気で、メンバーを替えながら対話を重ねる手法です。結論や答えを特に求めず、参加者同士がしっかりと意見や情報の交換をおこなうことができ、全体の共有度が高くなります。

● 基本の進め方

　大人数を4〜5人のグループに分け、全面に模造紙を広げたテーブルに着席します。テーブルごとに話し合いのホスト（進行役）を決め、ダイアログのテーマが告げられたら、ホストを中心にテーブルごとに自由に語り合います。その中で印象に残ったキーワードは、各自テーブルの上の紙にメモ（落書き）していきます。

　30分程度ダイアログをしたら、各テーブルでホストを残して、残りは他のテーブルに移動します。移動した人も残った人も、自分のいたテーブルでどんな話があったかを紹介し、先ほどと同じようにダイアログを続けます。時間が許す限り、何度かこれを繰り返し、最後は全員が元のテーブルに戻ります。旅先での話を披露し合い、さらに対話を続けます（回数が多いときは、この間にホストをどんどん入れ替えていきます）。

　必ずしも全体のまとめをする必要はありません。まとめる場合は、進行役がテーブルに残った紙から共通点を拾う、紙を壁に貼り出して全員でまとめる、個人ごとに印象に残ったキーワードを出してもらい親和図法やマインドマップでまとめる、などの方法があります。いずれの方法も結構たいへんで、無理にまとめて台無しにしないように注意してください。

● 展開／応用

　何人ででもでき、汎用性が高く、参加者の思いを共有するのに優れたアクティビティで、仲間づくりにはもってこいです。たとえば、集合研修の中で、研修全体を通して学んだことを参加者全員で振り返るときや、職場内活性化研修で職場内の課題や問題意識を参加者同士で共有するとよいでしょう。地域におけるビジョンづくり研修で地域住民が共有できそうなキーワードを抽出するのにも使えます。

● 他のアクティビティ
- オープンスペース

　　全員で輪になって座り、話し合いたいトピックを出していきます。トピックが集まったら、時間割・部屋割を決め、あとは、そのトピックに関心のある人が集まって自由に話し合います。途中でトピック間を移動してもよいし、参加せずに見ているだけでも構いません。最後は、話し合った結果をみんなで分かち合います。

問いの力を高めるために

　話し合いの3つめの要素は、どんな「テーマ」で話し合うかです。ワークショップでは「問い」（発問）と呼びます。

1) 質問形式で表現する

　テーマは問いですから、「組織活性化のために何ができるか？」といったように、必ず質問文の形で表現します。「なぜ〜なのか？」「〜とは何か？」「どうすれば〜か？」といった形で表現するのです。そうすれば、何が求められているのかが明確になると同時に、活動へのモチベーションが高まります。主催者側の意図と参加者の議論がズレることも少なくなります。

2) 問いの対象を使い分ける

　話し合う対象は大きく5つあります。どれを問うているのかを明確にしないと、テーマをもらったほうは混乱してしまいます。

- 事実や経験を問う：何を知っていますか？
- 印象や感情を問う：どのように感じていますか？
- 思考や考察を問う：どのように考えますか？
- 価値や原理を問う：大切にするものは何ですか？
- 行動や決定を問う：これから何をしますか？

3) 問いの範囲を使い分ける

　誰に問うているのか（Who）、どこの話なのか（Where）、いつの時点の話なのか（When）を考えます。人、場所、時間など問いが扱う範囲を変えることで、思考レベルやテーマに対する切実感が変わります。特に主語を、I（私）、You（あなた）、We（我々）のいずれにするのかは重要な選択になります。

4) 問いかけ方を工夫する

　まず考えてほしいのが、参加者が自由に答えられるのがオープン・クエスチョンにするのか、イエス／ノーなど、回答の範囲を限定して答えるクローズド・

クエスチョンにするのかです。さらに、英語で言う助動詞（Should、Will、Can、Must）を使い分けると問いのニュアンスが変わってきます。

　ときには大胆な発想を生み出すために、「仮に」「もし」をつけた仮定質問や、「もっとも重要」「大切な３つ」と思考に規定や制限を加えてやるのも効果的です。図表4-06を参考に自分なりの工夫をしてみてください。

問題意識を共有する

- あなたがここに至るまでの道のりを語ってください。なぜ、あなたは、ここにいるのでしょうか？
- あなたの今までの人生の中で、あなたもチームも最高に輝いていたときって、いつどんな時ですか？　それにあなたは、どのように貢献していましたか？
- 私たちがやっていることやチーム自身に対して誇りに思うことは何でしょうか？逆に、残念だと思うことは何でしょうか？

新しい方向性を見い出す

- 私たちの仕事（活動）は、どんな価値を生み、誰の何の役に立っているのでしょうか？　またそれがどんな貢献を社会にもたらしているのでしょうか？
- ○○年後に私たちのチームが賞賛を浴びているとします。そこにはどんな姿が現れているでしょうか？　どんな世界が生まれているでしょうか？
- 私たちが望むことは何ですか？　私たちができることは何ですか？　私たちが期待されていることは何でしょうか？

問題解決に向けて一歩踏み出す

- 私たちのビジョンを実現する上での障害は何でしょうか？　何を克服しないといけないのでしょうか？
- 私たちが願う未来は、どのようにして可能となるのでしょうか？　今のままではやっていけないとしたら、どんな変革が求められているのでしょうか？
- ビジョンの実現に向けて、私たちができる新たなことは何でしょうか？　問題解決に向けて一歩踏み出すとしたら、何ができるでしょうか？

出所：堀 公俊『チーム・ファシリテーション』朝日新聞出版

図表4-06｜問いの例

3 【学習方法5】
体験する

体験を通じて話し合う

　本を読んだり、一方的に話を聞くだけでは、行間に込められた本当の意味や語り手の背景に触れるには限界があります。いわゆる「字面を追う」「机上の空論」では本質的なことまで理解するのは難しいです。それどころか、勝手な解釈で、間違った受け取り方をすることもあります。

　そうならないよう、効果的に使いたいのが**体験**です。自分の頭と身体で試してみて、他者と体験を分かち合う中で、そこにある意味や散りばめられている要素を、対話と振り返りを通じて発見していくのです。

　同じことを体験しても、人それぞれに感じ方は違います。体験を通じて気づくことで、本や講義では感じ取れなかった深いものと向き合え、現実のものとして身につけていくことができます。

　頭では忘れていても身体が覚えているものはいくらでもあります。五感で感じたことほど覚えているものはなく、あとからボディーブローのように効いてきます。何よりも腹落ち感が違います。知識偏重を脱却し、体験を尊重する意味はここにあるのです。

　研修ではよく「本で読んでも分からないこと、つかめないことを得たかった」「使えるものかどうか実際に試してみたかった」「他の人と具体的に取り組んでみたかった」という声を聞きます。まさに体験を求めているのです。

安心して失敗をしよう

　実体験といっても、研修の場でやるのはリアルな疑似体験です。現場で起こっていることと同じような状況をリアルに再現して、擬似的に体験してもらう

のです。その良さは「安心して失敗できる」ことにあります。

　日常の場では、失敗をすると責任を取らされたり、自分が傷ついたりします。研修の場ならそんなことはなく、普段できないことにも安心してチャレンジできます。失敗をしても何か気づきが得られたなら、失敗になりません。それどころか、無難にすますよりも、失敗をしたほうが気づきが深くなります。そのことを説明して、みんなが積極的に取り組めるよう、配慮してあげるのもファシリテーターの役目です。

振り返りの時間は必ずなくなる？

　体験が大切だといっても、やりっぱなしはいけません。体験の意味を考え、何を得たのか、それは何に活かせるのか、しっかりと振り返ることが重要です。でないと、体験が単なるお遊びになってしまいます。

　ですので、体験のアクティビティは第5章で述べるリフレクション（振り返り）とセットでやるのが通例です。

　体験のアクティビティはインストラクションに時間がかかります。体験に夢中になって、ワークの時間が延びることもしばしばです。あらかじめ、余裕を持って振り返りの時間をとっておかないと、尻切れトンボになってしまいます。「振り返りの時間は必ずなくなる」というマーフィーの法則があることを覚えておきましょう。

　それと、体験は楽しい時間であり、悪ノリをしたり、夢中になりすぎる人が出てしまいます。そうならないよう、インストラクションで体験をする意味をしっかりと伝えることが大切です。

図表4-07 ｜ 体験学習の様子——「エブリボディアップ」「ペーパータワー」

ロールプレイング

● 狙い／特徴

　ロールプレイング（役割演技：略してロープレと呼ぶ人もいます）は、演劇の手法を活かしたアクティビティです。役割を演じていく中で、自分自身の中に湧き起こる感情や心理の揺れ具合、その立場に対する客観的な視点などを感じることができます。本格的な体験ではないものの、疑似体験として心に残る時間と空間が味わえます。

● 基本の進め方

　もっとも簡単な進め方は、お客様と店員、先生と生徒、行政と住民といった2つの役割を分担して演じてもらう方法です。途中でその役割を交換すると複眼的な視点を得られるチャンスが広がります。

　また、役割は複数設定することも可能で、ワークのテーマに合わせて自由に参加者を配役していきます。終了後には必ず振り返りをして、体験から得たものを整理しながら、みんなで分かち合っていきましょう。

　役割演技は、完全に参加者に委ねることもできますが、役割の設定や背景を指示する「役割シート」に沿ってやってもらう方法もあります。ロールプレイングを始める前に同じ役割同士でイメージを共有してワークに臨んでもらうと、より臨場感が増してきます。

　もちろんアドリブは大歓迎ですが、度が過ぎると感情的になってしまうこともあります。始める前にあくまでも演技であることを説明し、参加者が十分に理解して臨むことが大切です。

● 展開／応用

　何よりも普段の自分とは違う人間になれるのが、ロールプレイングの最大の利点です。それを活かして、相手の立場を考える、別の視点から考えることを促す研修に応用できます。

　あるいは、現場で本番を迎える前の試行訓練として、研修で習ったスキルを試してみるのにも使えます。このときは、むしろ失敗することを奨励するくらいのほうが学びが深くなります。

　その際には、後述する「フィッシュボウル」（P179参照）を併用して振り返りを充実させることをお勧めします。演じた自分が直接感じたことと観客側にいる観察者からのフィードバックを同時に受けることで、気づきの幅と深みが増してきます。観察者側に回ると、さらに気をつけなければならないポイントがよりクリアに見えてきます。

研修ゲーム

代表例：コンセンサスゲーム

●狙い／特徴
膨大な数の研修ゲームの中で、汎用性が高いコンセンサス（ランキング）ゲームを紹介します。ランキング（優先順位づけ）を通じて、テーマに対する理解を深めると同時に、考え方の違いや協働作業のポイントを学ぶゲームです。

●基本の進め方
代表的なものに「月で迷ったゲーム」「砂漠からの脱出ゲーム」があります。まず、与えられた問題を個人で考えて、最適解をシートに記入します。その後、4～5人のグループで話し合って、グループとして最適解を導き出します。このときに、安易な妥協、取引、多数決は禁止で、納得のいく合意形成を目指します。

終わったら、正解と個人やグループの答えがどれだけズレたかを計算し、チーム効果（個人で考えるよりもグループで考えたほうがよい答えになる度合い）を測ります。さらに、アクティビティを通じて気がついた点や改善すべき点を話し合います。

●展開／応用
オリジナルのゲームをつくることで、テーマを深める方法を紹介しましょう。

たとえば、研修のテーマが「女性の人材活用」だったとしましょう。インターネットで統計データを探し、「女性の管理職比率が高い職業」を7つ挙げ、正しいランキングに並べてもらうのを問題とします。最初は個人で、その後でグループで話し合って答えを出します。正解に近いほうが勝ちなのですが、チーム効果も勝敗の材料となります。

あるいは、正解がないゲームもできます。たとえば、新任マネージャー研修で、「会社にいる困った上司」を7タイプ列挙して、同様の方法でランキングしてもらいます。これは正解がないのですが、共通の見方（傾向）や各々のこだわりの違いが分かり、ワークショップへの関心が高まります。

●他のアクティビティ
・貿易ゲーム
　複数のチームに分かれ、紙、文具、紙幣などの資源を不平等に配り、これらを使って製品をつくり、国際銀行に換金をしてもらいます。偏った資源を活かしつつ、国同士が取引や協力することで、どれだけ収益が上がったかを競います。
・コミュニケーションゲーム
　「交流ゲーム」とも呼びます。たとえば、協働作業を通じてコミュニケーションの難しさを味わったり、人が異なる文化に接触したときに何が起こるのかを疑似体験させようというものです。

体験学習ゲーム

代表例：ペーパータワー

● 狙い／特徴

　信頼関係や協力して課題を達成することを学ぶゲームです。体を使って体感的に学ぶものが多く、アイスブレイクとしても使えます。ここでは、研修で手軽に使える「ペーパータワー」を紹介します。

● 基本の進め方

　数人のチームに分け、A4の紙を30～40枚程度配布し、この紙だけを使って、できるだけ高い「自立したタワー」をつくることを指示します。

　タワーづくりに入る前に、作戦タイムを10～15分とりますが、この間は紙に一切触れてはいけません。作戦タイムのあと、3～5分の時間でタワーを作成し、高さを競います。

　大切なのは終わったあとの振り返りです。リーダーシップ、フォロアーシップ、参加、コミュニケーションなどチーム活動のポイントを学んでいきます。

● 展開／応用

　材料は必ずしもA4用紙でなくてもよく、付箋、ストロー、風船、角砂糖などを使うのも面白いです。いずれの場合も、大量の材料を捨てることになり、あとで活用するといった、言い訳を考えておいたほうが無難です。

　チーム対抗戦は1回だけとは限らず、振り返った結果をもとに、2度、3度やる場合もあります。ただし、ムキになる一歩手前でやめておきましょう。

● 他のアクティビティ

- 協力パズル

　厚紙や新聞紙を切り刻んでパズルをつくってメンバーに配り、元の形に復元することをグループ対抗で競います。ただしゲーム中は発言禁止。自分のパズルを人にあげることはできても、人のパズルを奪うことはできません。

- 人間知恵の輪

　円になって互いに手をつなぎ、体を入れ替えたりして、複雑に腕をもつれさせます。リーダーは、口頭による指示だけでもつれた輪をほどいていきます。再度もつれた輪をつくり、メンバー同士が自律的にほどいていき、先ほどの方法との違いを話し合います。

- エブリボディアップ

　2人がつま先を合わせて膝を折って座り、手をつないで「せ～の」で同時に立ち上がります。2人でできたら4人、6人と人数を増やしたり、背中合わせで立ち上がったりして難度を上げていきます。

ケーススタディ

●**狙い／特徴**
　事例を考察することを通じて、その状況を擬似的に体験するアクティビティで、事例研究とも呼ばれています。「自分だったらどうするか」を考えることで、問題解決に必要な考え方を学ぶことができます。

●**基本の進め方**
　まず「ライバルの出現によって業績が不振に……」といったような事例（ケース）を文章やビデオで提示します。ケースは、現実に起こったことをもとにつくったほうがリアル感が増します。
　次に、事例が抱える原因や解決策を個人あるいはチームで検討します。検討結果を発表し合いながらさらに議論を重ね、問題解決に役立つ原理・原則を、全員で見つけ出していきます。

●**展開／応用**
　このようなやり方に対して、現実に起こったケースを素材に、こと細かく情報提供されたあとに解決策を導くのが、MBAの授業でおなじみのハーバード式（ケース・メソッド）です。
　膨大なケースを読み込む必要があり、事前学習が不可欠となります。答えもさることながら、それをどうやって導いたか、問題解決のプロセスが重要であり、長時間をかけて熱いディスカッションが繰り広げられます。
　これと対照的なのがインシデント・プロセスです。ごく簡単な出来事（インシデント）だけ提示され、参加者は進行役への質問を通じて必要な情報を収集して、問題の分析や解決案を立案していきます。
　他にも、事例の設定の仕方や事前の情報の与え方によって、いくつかのやり方が開発されています。

●**他のアクティビティ**
・ビジネスゲーム
　　いくつかのチーム（会社や店）に分かれて、資源（お金や材料）を持ち合い、取引を通じて儲けを増やしていくことを競い合います。「経営シミュレーションゲーム」「マネジメントゲーム」「予算配分ゲーム」と呼ばれることもあります。
・クロスロード
　　危機的な状況の中で２つの選択肢が与えられ、どちらか一方を選んだあとに議論を重ね、疑似体験を通じて自分たちのノウハウを培っていこうというものです。リスクマネジメントを学ぶのに最適です。

気持ちよく体験するために

新しいことに積極的な人もいれば、不安を覚える人もいます。アクティビティの中には、特定の人に不愉快な印象を与えるもの、身体の接触や危険を伴うもの、年齢・性別・能力・障害などによって困難になるものがあります。過剰な自己開示を誘発しかねないものもあるかもしれません。アクティビティを進める際には、次の3つのルールを必ず守るようにしてください。

1) 互いを尊重する

参加者は、自分を含めた参加者全員が互いを尊重し、信頼する気持ちを持ってやるようにしなければなりません。たとえば、研修の場で起こったことは、外では語ってはいけません。インストラクション、参加者への働きかけ、自身の立ち振る舞いを通じて、安心できる場をつくるよう心がけるのがファシリテーターの大切な役割です。

2) やりたい人がやる

参加者は、自分のできる範囲でチャレンジするようにしてください（チャレンジ・バイ・チョイスと呼びます）。やるかやらないかを自分の意思で決め、やりたくないことはやらなくても構いません。やりたくない人に無理にやらせたり、やりたくない人がやりたい人の足を引っ張らないようにしましょう。

3) 段階的にやる

ファシリテーターは、メンバーの状況を見ながら、取り組みやすいものから難しくて勇気の要るものへと、順にステップアップしていくようにしましょう。特に心身の危険を伴うものは、安全な環境と信頼関係を築いてからおこなうようにしなければなりません。

やりたくない人が出てきたら？

こういう話をすると、「研修なんだから、嫌でもやらないといけないんじゃ

ないか」という意見が出ることがあります。その通りで、研修には参加しながら、嫌なアクティビティには参加しなければよいのです。

　たとえば、少し離れてみんなの様子を見てもらい、観察者としてフィードバックする役目をお願いしてみてはいかがでしょうか。やりたくない人が批判的な目で鋭いフィードバックをするというのは、よくあるケースです。

　「誰かの役に立つ」というのは人間誰しも嬉しいもの。みんなに認めてもらえると、「やってみようか」という勇気も湧いてきます。みんなが楽しそうにやっているのを横目で見ていると、誰でも心が動きます。「やりたくないダメな奴だ」とレッテル貼りをせず、「今、この場では、やりたくないんだ」と思い、その気持ちを温かく受け止めましょう。いつでも迎え入れる準備があることを伝えれば、自然とやってくれるようになります。

研修パラダイスを防ぐには

　逆に、事前に釘を刺したのに、熱くなり過ぎたり、茶化したり、ふざけてやる人にも配慮が必要です。多くは「自分を認めてもらいたい」という心の表れです。自己肯定感（自尊感情）が不足している人が、そうなってしまうのです。そういう人が1人いるだけで、不真面目な空気が伝染して"研修パラダイス"になることもあります。

　そんなときも対処法は同じで、そういう寂しい気持ちを受け止め、別の手段で自己肯定感を与えてやればよいのです。

　まずは、ふざけている人の肩にでも手を置いて「すごいノリですね」「ウンウン、それは面白い」と誉め、ことあるごとに「皆さん、この人が……」と取り上げて、スポットライトをあてます。みんなの意見をまとめて発表をする役をお願いするのも効果的です。そうやって存在を認めながら、研修の流れに上手に組み込み、真面目にやらざるをえなくするのです。

　筆者の経験では、そういう人に限って根は真面目で、いったん協力的になると、研修中に素晴らしい活躍をすることがよくあります。終わったあとで「今日の研修はとってもよかったです」と言われることすらあります。やはり、レッテルを貼らずに、温かく受け止め、場の力で溶かしていくことが大切です。

4 【学習方法6】
創作する

受け手を語り手へと変貌させる

創作とは、研修で得た学びを具体的な形にする作業です。

教科書的な知識を習得しただけでは、理解はしても現場で使えるものになるかは未知数です。体験から学んだことも、現場で使える形にしないと、気づきのままで終わってしまいます。「さてどうしたものか」と手をつける手がかりが分からず、現場に戻って深いため息をつくことは多々あります。

研修で気づいたこと感じたことは、言葉や映像などを使って表現して、具体的にイメージできるようにしておきましょう。そうすれば、自分や組織のどこをどのように変えていけばよいかが分かり、学習が変革へと結びつきやすくなります。

また、そうすることで、参加者が現場に戻ったときに、他の誰かにその成果を伝える力を持つようになります。受け身だった参加者も、周囲に話したくなるような話を持てば、「語り手」へと立場は逆転します。

学んだことを他人に伝えることができる、というのは研修での学びが身についた証明の1つです。すると、研修の内容は抽象的なものから具体的なものへと、現場での実践へとつながっていきます。

「具体例が知りたかった」「現場で活かすためのヒントがほしかった」「動くキッカケがほしかった」といったニーズに応えるのが創作です。

プロセスから学ぼう

創作は、でき上がった言葉や作品（コンテンツ）だけが成果ではありません。その過程（プロセス）にも大きな意味があります。

形あるものにまとめる作業は試行錯誤の繰り返しです。いろんなアイデアや仮説を生み出し、それらを評価しながら、学んだことを反芻していきます。人が分かるように的確に表現しようと思うと、学びの本質をもう一段掘り下げて考えざるをえず、研修の意味を自分自身に問い直す作業となります。それが参加者を成長させてくれるのです。

　加えて、みんなで1つのものをつくり上げる共同創作では、協働作業の過程でいろんなことが起こります。一連の作業を通じて、人との関わり方、リーダーシップの発揮の仕方、葛藤や軋轢に対する姿勢など、自分が普段気づかない傾向が表に出るようになります。ある意味で、職場や家庭のひな形がそこに現出するのです。

　これこそ、現場を離れて集まって研修をする良さであり、そこでの気づきも明日への糧にしなければもったいないです。事後の振り返りでは、でき上がったものの良し悪しだけではなく、「進め方はどうだったか」とプロセスも俎上に載せることを忘れないようにしましょう。

■ 右脳と左脳を使い分ける

　次ページのアクティビティの例のように、何かの概念を表現する手段は山ほどあります。研修というと、どうしても言葉での表現に終始しがちですが、視覚、聴覚、触覚など、五感をフルに使って、テーマにふさわしい表現方法を考えることで、学習の効果は高まってきます。

図表4-08｜創作演劇

　表現方法を選ぶポイントは、右脳（感情・感覚）と左脳（論理・言語）のバランスをとることです。たとえば、「輝いているチームとは何か」というテーマで深く対話を繰り返す（左脳を使うステージ）。そのあとで、みんなが共通するイメージを絵で表す（右脳を使うステージ）、といった具合です。

　左脳ばかり使っていると煮詰まってしまう恐れがあります。発想を広げるには右脳の力が必要です。人にも左脳派と右脳派の両タイプがあり、どちらにも活躍の機会を与えなければバランスの良い研修になりません。両者を活かすことで、大きな相互作用を生み出していきましょう。

言葉づくり

● **狙い／特徴**
　創作で一番簡単なのは、活動の成果を言葉や短い文章でまとめることです。

● **基本の進め方**
　たとえば、グループ討議の結果を発表するときに、単に口頭で説明するのではなく、A3用紙に短文で書いて提出してもらいます。ポイントは、紙の大きさ・種類・形、筆記具の種類、文字数、提出する短文の数、図表などを使って、まとめ方を上手にコントロールすることです。そうしないと成果のイメージが人によって食い違い、まとめのレベルもバラバラになってしまいます。「ベストだと思われるアイデアを短冊に1つだけ大きく書いて提出してください」といったように、制限を強くすればするほど、まとめ作業の密度が上がってきます。
　さらに、キャッチフレーズ（コピー）、標語、俳句、川柳、ポエム、ルール、問い、漢字1文字、定義にするなど、まとめ方をいろいろ指定してみてください。そうすれば、内容だけではなく表現の仕方にも工夫が必要となり、まとめ作業が楽しくなります。

● **展開／応用**
　短文でのまとめは、ポイントが絞られてよいのですが、文字数の制約からどうしても抽象的な表現になりがちです。そういうときに使いたいのが物語です。イメージが湧きやすくなると同時に、いわゆる暗黙知の部分が伝えられます。たとえばリーダーシップについて議論をしてきた場合、あるべきリーダーの行動の様子を実話風のストーリーとしてまとめてもらいます。社会的な問題に対して、将来の自分たちの生活を物語にまとめるといった使い方もできます。
　1つの物語をつくるには、相当突っ込んだ議論が必要となり、やっているうちにあれこれアイデアが広がっていきます。これも、成功談、失敗談、昔話、シナリオなど、表現を工夫することで、さまざまなバリエーションが楽しめます。

● **他のアクティビティ**
・絵をつくる
　　言葉になりにくいものを表現したいときは絵が向いてます。アイデアを書き出した付箋を木や山登りになぞらえて絵にまとめるだけでも分かりやすくなります。
・整理する
　　たくさんの情報を分類・整理し、構造化された状態に仕上げます。整理という協働作業を一緒におこなうことにも意味があります。

フレームワーク

代表例：タイムマシン法

● 狙い／特徴

フレームワーク（枠組み）があることで、意見が出しやすくなると同時に、まとめもしやすくなります。数あるフレームワークの中から、みんなで組織や地域のビジョンを示しながらアクションプランをつくっていく「タイムマシン法」を紹介します。

● 基本の進め方

たとえば、まず、3年後の状態を想像して、そのとき自分たちはどうなっていたいかを考えます。次にそれを実現するために、2年後にはどうなっていればよいかを考えます。さらに2年後の姿のためには1年後はどうなっていなければならないかを考え、話し合った結果を模造紙に書き出して共有していきます。

その際に、私たちを取り巻く外部環境、たとえば世界情勢や地域の動向などをその中に情報として加えていくと、狭い範囲の将来ではなく広い視野で考えることができます。ぜひ検討の素材に加えておいてください。

● 展開／応用

夢のようなビジョンがだんだんと現実化していく中で、参加者の葛藤や決心が交錯する場面が真骨頂となるアクティビティです。ビジョンをつくりながらそこに向けてのロードマップが同時にでき上がっていくため、実現への思いが強まっていきます。さらに、行動目標が具体的に整理されていくのも有り難いです。

タイムマイン法は、プロジェクトリーダー向けの研修で、5年プロジェクトのロードマップをつくったり、自治体の政策ビジョン立案研修で、中長期計画と年度計画を立案するなど、グループワークで使用することが多くなります。個人においても中堅社員向けキャリアデザイン研修で、自身の将来像を展望し今後の将来設計を考える、といった使い方もできます。

● 他のアクティビティ

- ウィル／キャン／マスト

  メンバーが「やりたいこと（Will）」「できること（Can）」「やらなければいけないこと（Must）」を出し合って円交差チャートで整理をしていきます。円同士の重なった部分に着目をして、チームのビジョンをまとめていきます。

- SWOT

  強み（資源）⇔弱み（課題）、機会（追い風）⇔脅威（向かい風）の2つの軸で内外の環境を分析して、自分たちが進むべき方向性を考えていきます。

作品づくり

●狙い／特徴

　グループの共同作業を通じて、さまざまなことを学び、気づいていくことを目指し、参加者の内にあるものを具体的な形につくり上げて表現していきます。グループワークを中心としたワークショップでは定番のプログラムとなります。

●基本の進め方

　ファシリテーターから具体的なテーマや進め方を提示し、一定の時間をかけてその成果を制作物で表現してもらいます。そのためには、みんなで方向性を考え、アイデアを出し、絞り込んで形にしていかなければなりません。共同作業を経て工夫を凝らして制作していく一連のプロセスを共有してもらうのです。

　表現方法としては、新聞、チラシ、看板、マップ、企画書、計画書、マニュアル、キャッチフレーズなどの「○○づくり」といわれるなじみ深いものから、紙芝居、工作、絵画などの多彩な表現手段を使ったものまで幅広くあります。

　でき上がった制作物や表現は参加者全員の前で発表して共有します。さらに必要に応じて、参加者からの質問やフィードバックを受けたり、投票などによってランキングしたりして、共有と振り返りを深めていきます。

●展開／応用

　たとえば、顧客満足を目指した営業担当研修で、お客様の立場に立った新商品説明用のマニュアルをつくるといった使い方があります。制作物をつくっていく過程では「自分たちは外部からどのように見られているか、見られたいか」「相手はどのようなものを求めているか」といった外部ステークホルダー（利害関係者）の視点を考え始めます。内向きの視点を転換する、相手の存在を認識する、といった効果が期待できるわけです。

　また、研修のための作品ではなく、現場で活かす方法もあります。地域の安全・安心のまちづくりを啓発する研修で、地域の「安全・安心マップ」を制作し地域住民に配布する、といった具合です。

　こんなふうに、作品をお蔵入りにさせず、どのように活かすのかを事前に考えることによって、求めるレベルや方法も変わってきます。使われ方によっては、参加者のモチベーションアップにもつながります。また、外部のみならず内部資料としてデータにする活かし方もあります。

　また、何をどの程度つくってもらうのかによって、時間配分、事前の課題出し、制作のための準備物、会場の設えなどに配慮が必要です。新しい制度を理解し普及させるための研修で、新制度活用の場面の設定をして紙芝居をつくるといった場合がまさにそうです。

演劇

● 狙い／特徴

　体を使った表現は、人類がもっとも古くからおこなってきたコミュニケーションの手段であり、演劇はその集大成です。あらゆる表現が可能であり、つくり込む過程で、互いのことを深く理解し、気持ちを分かち合い、一緒につくり上げる喜びと一体感を味わうことができます。

● 基本の進め方

　比較的簡単で、本格的な演劇をやる前のウォーミングアップとしてよくやるのが「人間彫刻」です。たとえば、仕事のストレスについて議論をしているときに、「仕事が思うように進まない」という状態を体で表現してみるとどうなるでしょうか。1人でもできますが、数人が集まってやると、大掛かりな表現ができるだけではなく、そのときの心理状態も共有できます。

　さらに、そこに動きやストーリーを加えると表現の幅が広がってきます。即興劇と呼ばれ、打ち合わせも台本もリハーサルもなく、その場でアドリブでお芝居をつくっていきます。

　もう少し本格的にやる場合は、シナリオや役づくりをみんなで考え、寸劇に仕立て上げます。といっても完璧な台本をつくる必要はなく、ロールプレイングと同様、いったん役に入れば即興でもセリフは出てきます。舞台演出や音響効果などにも凝って、本格的な演劇をつくるのに挑戦するのもよいでしょう。

● 展開／応用

　それなりの訓練を積めば、演劇だけで研修を組み立てることもできますが、通常は研修のハイライトやアクセントに演劇を持ってくるのが常套法です。たとえば、丸一日リーダーシップについて講義を受けたり、グループ討議をしたあと、夕食をはさんで、自分たちが学んだものを表現する演劇をつくる、といった使い方です。

　こうしておけば、翌日の上演に向けて、準備やリハーサルが十分にでき、夕食後が効果的に使えます。第6章の事例6でそんな使い方を紹介していますので、参考にしてみてください。

● 他のアクティビティ

・インプロ

　　アイスブレイク的にも使えるミニ即興演劇です。たとえば、2人ペアになり、相手が言ったことに対して追加でアイデアを加えていきます（例「夏は暑いよね」「しかも日差しがきついね」「しかも宿題もきついね」といった調子）。肯定や順接の接続詞で受けるのがルールです。他にもいろんなやり方があります。

5　ワークショップで使える実践テクニック

場をホールドする大切さ

　グループワークが始まってファシリテーターの手が離れると、「やれやれ」とばかり、スタッフ同士でおしゃべりをしたり、次の段取りに入る人がときどきいます。これでは良いワークショップになりません。

　なかには勘違いをする人がいますが、参加者がアクティビティをやっている間は、ファシリテーターが一息つく時間ではありません。それどころか、みんなの活動を注視し続けるたいへん忙しい時間です。

　ワーク中は、ファシリテーターは常に場の様子を温かく見守り、無言でみんなを励まし続けます。混乱が生じたり、不安に陥っているときは、ファシリテーターの動じない態度が支えとなります。「行きすぎたら止めてもらえる」という安心感があるからこそ遠慮せずに活動ができます。ファシリテーターが場をホールドしているからこそ、安心してワークに取り組めるのです。

　特にワークが流れに乗るまでと、終了間際は注意が必要です。前者では、アクティビティの意図ややり方を理解しているか、誤った方向に進んでいないかをチェックしながら、目で励ましたり声をかけていきます。後者では、時間内に成果を出せるかを見極めながら、プレッシャーをかけたり煽ったりしていきます。そうやって、**プッシュ**と**プル**を使い分けながらワークショップが所期の目的を達成するようにします。

　そんな中で、参加者の間で何が起こっているのかを的確に読み取り、必要に応じて最適な場になるよう修正を加えていかなければなりません。そのための大切なポイントを紹介していきます。

事前の想像力が臨機応変を育む

　現場で臨機応変に対応するためには、可能な限り「場数」を踏み、経験を重ねておくことが大切です。とはいえ、経験が浅かったり、まったく新しいことをやる場合は、想像力を働かせるしかありません。現場で起こりそうなこと、変わる可能性がありそうな要素を事前に想像して、経験のなさを補っていきます。

　具体的には、「参加者の状態や反応が予想と違う」「会場の使用条件が変わる」「時間が急に短くなる」「参加者やファシリテーターの体調が狂う」「出入りがあって人数が変化する」といった与件（条件）の変化です。

　さらに、事実として確認できることは、事前に情報を集めて疑問を払拭しておきましょう。知ると知らないとでは、気持ちの上でも必ず差が出てきますから。

　あわせて、関係者とも相談しながら、可能性のありそうな事態をパターン分けしておけば、対応の間口は広がります。最悪の場合の代替案を考えておくのも、いざというときの余裕につながります。特に、道具類が使えなくなったときのいろんな代用物を持っておくと、流れを切らすことなく対処できます。まさに「備えあれば憂いなし」です。

　さらに大切なのが、参加者（人）を知り、そのプログラムが組まれた経緯（歴史）を知って、会場（地理）のことを把握しておくことです。なかでももっとも注意しなければならないのは人です。

　事前に把握していても、時々刻々と人や、人と人との関係は変わっていきます。まずは、その変化を感じられるようになるくらいにまで、参加者を知っておくようにしましょう、サッカーでいえば、「アウェイ」ではなく「ホーム」の状態にしていくことを心がけるのです。

場の潮目をキャッチする観察力

　想像を働かせて準備を重ねても、現場では予想を超える事態も起こります。進行していくうちに、場の「潮目」を感じさせるような瞬間が現われてきます。ヒヤリ・ハットの瞬間を見落とさないようにするためには「観察力」を鍛えてお

かなければなりません。

　観るべきポイントは、今ここで起こっている「現状」、参加者が何を感じているかという「感情」、この場がどこに向かおうとしているのかという「価値」の３点です。分かりやすくいえば、参加者は何を感じ、考え、欲しているのかです。なかでも、参加者が感じている「違和感」に注意を払います。

　これらは、参加者からの非言語メッセージからキャッチします。「表情が曇る」「落ち着かない」といったボディ・ランゲージを見落とさないようにしなければなりません。すばやく感じるためには、日頃から周囲の人間観察を通じて、感性を磨いていかなければなりません。観察を積み上げれば、場の空気が読めるようになってきます。

　そして、「ひょっとしたら」という自分自身の内なる声に耳を澄ますことも大事です。それを確かめるために「手挙げアンケート」（P118参照）などを使って、場から引き出していくのも方法です。また、ファシリテーター自身の表情が場の空気をつくることも忘れずにおいてほしいものです。

参加者を信じて個別対応をする

　予想外の出来事が特定の個人によるものなら、ファシリテーターが個別対応をしていきます。たとえば、体調不良の人が出た場合は、無理をさせずに本人の意向を踏まえて参加の可否を決めます。気分を害した人がいれば、その理由を真摯に聴き、誠実に応えていきます。

　ワークに参加しない人がいれば、先に述べたように他の参加者の邪魔にならないように配慮をしましょう。参加者の障害の具合によっては他の参加者の理解と協力を得るように働きかけていきます。

　これらすべてにおいて「あせらず、あわてず、あきらめず」の気持ちで臨み、参加者を信じることから始めましょう。不測の事態が起こってもすべてのスタッフと一緒に冷静に判断すれば対処できるはずです。

プログラムを変更する決断力

　場の潮目が変わる状況が、個人ではなく参加者全体に影響を及ぼしそうになったときには、個人対応から集団対応へ、つまりプログラム変更の決断を考え始めなくてはなりません。

　これは、研修が始まる前から終わるまでの間、どこで発生するかは分かりません。特に、前半で起こったときは、早めに手を打つことが必要です。どのタイミングでやってきても、まずはあわてないこと。そして、プログラムのどこかで次の作戦を練る時間をまず確保しましょう。休憩時間や昼食時間が確保できれば少し落ち着きます。

1）物理的な要因への対処

　「参加者の人数が大幅に変わった」「会場が急遽変更になった」といった物理的なものは比較的対処しやすいです。規模を拡大もしくは縮小し、できる範囲でプログラムを変更します。小道具が足りなければ代用品を探すか、そのワークを思い切って削ることも考えます。準備を整えるための時間がかかるケースがありますので、その時間分は削らざるをえないことになります。

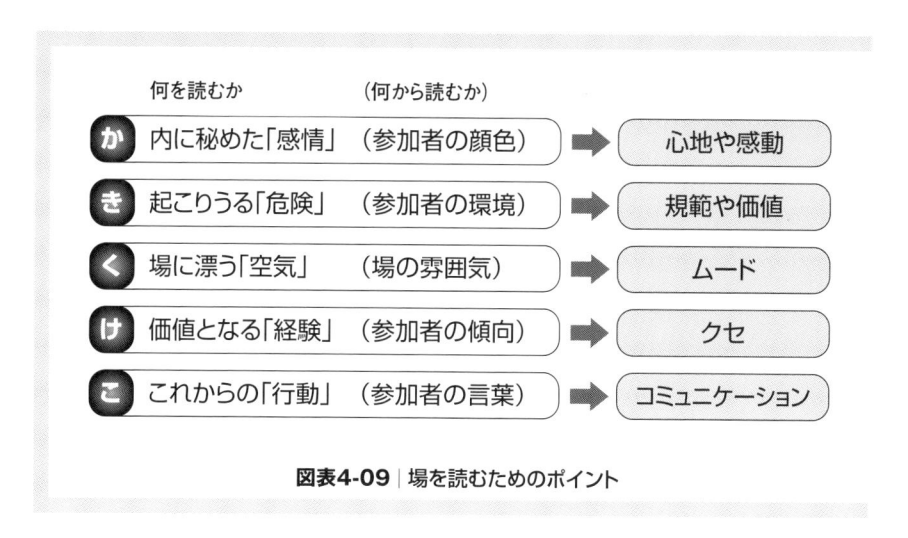

	何を読むか	（何から読むか）		
か	内に秘めた「感情」	（参加者の顔色）	➡	心地や感動
き	起こりうる「危険」	（参加者の環境）	➡	規範や価値
く	場に漂う「空気」	（場の雰囲気）	➡	ムード
け	価値となる「経験」	（参加者の傾向）	➡	クセ
こ	これからの「行動」	（参加者の言葉）	➡	コミュニケーション

図表4-09 ｜ 場を読むためのポイント

2) ワークショップの質への対処

　「プログラムの内容がまったく伝わっていない」「ワークが状況に合わない」といった質的なものは、目的に合わせて物理的な条件が揃う範囲でアクティビティなどを差し替えます。そのためにも、いつでも繰り出せるいくつかのネタを持っておくとたいへん重宝します。ワークだけではなくレクチャーの仕方も振り返っておいて改善すべきところは変えていきましょう。

3) 参加者のモチベーションへの対処

　たとえば、「参加者が退屈して覇気がない」といったように、消極性が目立ち集中力に欠ける場合があります。まずは、おしゃべりなどで楽しさや気楽さの演出をおこない、休憩時間を入れて一呼吸置きましょう。

　その後は、思い切ってその場に委ね、アクティビティを体験や創作中心に切り替えていきます。自分たちにバトンが渡されると、参加者も主体的に動かざるをえません。ファシリテーターとしては、参加者自身が場の軌道修正をしていくよう促していきます。

　逆に、「ワークにまったく参加しない」など、目に見えて参加者が乱れて収拾がつかないケースがあります。このときは、ファシリテーターがしっかりと場をホールドして、主導していくスタイルを取ります。

　ワークを止めてレクチャーに切り替える、グループワークではなく個人ワークを中心にする……集団でつるまないように個人を分断する手を打ちます。また、沈黙の時間を取り、場を静めるような演出をおこなうのも手です。

　ただ、いずれの場合にしても、これは最終手段です。ファシリテーター側の努力で対応や改善できることはすべてやっておきましょう。

本気と遊び心を両立させる

　このように「予想外のこと」というと、どうしてもネガティブな印象を持ちがちですが、ポジティブに捉える姿勢こそファシリテーターに身につけてほしいものです。それをうまく活かして、「だったら、これをやってみませんか？」と、準備したもの以上の研修を組み立てていくのです。

研修は、ファシリテーターとメンバーが一緒になってつくる学び合いの場です。ファシリテーター自身が、学ぶことに徹底的にこだわり、本気になって追求していかなければなりません。
　準備したプログラムに満足することなく、妥協を許さず、常に高みを目指して、率先して行動を起こしていきます。ときには、「思いつきで、うまくいくかどうか分かりませんが、一度やってみませんか？」とリスクの高い挑戦も必要です。また、それが参加者を活気づけます。
　それと同時に、ファシリテーター自身が研修を楽しむところにも、こだわりを見せましょう。そもそも、ファシリテーターが研修を楽しめないと、参加者が楽しめません。「どうやったら研修が面白くなるか」を常に考えて、参加者をかき回して、流動性を高めていきます。
　たとえば、突拍子もないアイデアを提案したり、予定外の行動で皆を驚かせたり、こっそりおふざけを仕込んでみたり……。参加型の研修で笑いが絶えないというのは、ファシリテーターのこんな働きがあるからです。いわば、トリックスター（神話や民話に登場し、人間に知恵や道具をもたらす一方、社会の秩序をかき乱すいたずら者、『大辞林』より）の役割です。
　こんなふうに、ファシリテーターには、「本気」と「遊び心」、「真面目さ」と「いい加減さ」の両面が求められます。そのバランスが活気ある研修をつくるわけです。

間と揺らぎが予期せぬことを起こす

　良い意味でも悪い意味でも、予期せぬことが起こりやすいのが、新しい研修プログラムをかけるときです。こちらも不慣れなので、あたふたすることも多い反面、予想外の学びが生まれることが少なくありません。
　先日も、職場のコミュニケーションをテーマにした、まったく新しい研修をやったのですが、やっているうちに異様な盛り上がりを見せ、参加者同士での深い対話が始まってしまいました。それなりの人が集まっていたので、場の流れを任せてあえて修正しなかったところ、こちらが意図していた成果とはまったく違う気づきを参加者１人ひとりが持ち帰ったようでした。場を信じること

の大切さにあらためて気づいた研修でした。

　おそらくそうなったのは、「間」の作用だと思います。初めてのプログラムだけに、やりながら考えるということで、時間もアクティビティも余裕を持たせた設計になっていました。会場も、どんな状況でも対応できるようにレイアウトされており、臨機応変に場を組み替えていきました。

　それと、何といっても参加者同士の間、つまり関係性です。選択制の研修で初めてのプログラムをかけると、興味・関心が高い人が集まることが多く、互いに共鳴する力も高いケースが多いです。それをファシリテーターの語りやアイスブレイクを通じて、さらに高めたことが予想もしないビックウェーブを巻き起こした理由だと思います。

　それと大切なのは「揺らぎ」です。多くの場合、1人ひとりが自律的に振る舞っているうちに、何かの「揺らぎ」をキッカケに大きな共振が起こるからです。

　参加者が真面目すぎたり、小さくまとまりすぎていたら、「それじゃあ、つまんないですよね」「このほうが面白いんじゃないですか」「もし、○○だったら……」と、挑戦的な目標でプレッシャーをかけたり、あえて枠組みを壊すことで、参加者に揺らぎを与えます。

　ありきたりの方向に向かい始めたら、「そもそも、○○は本当に△△なんでしょうか」「何か根本的に間違っていませんか」と常識を疑うことで、波風を立てていきます。

　ファシリテーターが持つ、子どものような無邪気で茶目っ気のある働きかけが、いずれ大きな相互作用へとつながります。そうやって、自分が落とした一滴の波紋が広がっていく様を眺めるのが、ファシリテーターの一番の楽しみなのかもしれません。

リフレクションで学習を深める

第5章 内省と対話を通じて学ぶ

1 経験から マイセオリーをつくり出す

学び方を学ぼう！

　私たち大人（特に年輩の方）は学ぶのが苦手です。頭の中に大量の知識が詰まっており、新しいものがなかなか入りません。記憶容量が限られている中、無理に入れようとすると、今あるものを捨てざるをえなくなります。それは大人にとって抵抗がある行為です。仮に入ったとしても、自分の都合のよいように解釈して、入れやすい形で入れてしまいます。

　ところが、大人には素晴らしい学習の資源があります。それが経験です。

　過去の知識や経験を捨てて新しいものを外から注入するのではなく、今あるものを材料にして新たな学びをつくればよいのです。言い換えると、蓄積した知識や情報を組み替えて再編集し、新しい意味を見い出していくのが「大人の学び」です。

　経験から学ぶというと、組織行動学者のD.コルブが提唱した**経験学習モデル**が有名です。図表5-01のように経験→省察→概念化→実践の4つのステップを踏むことで、「こういうときは、こうすればうまくいく」という**マイセオリー**（持論）を導き出す、という考え方です。これを繰り返すことで、「学び方を学ぶ」のが大切だというのです。

　本章ではこの考え方に沿って、研修の場でどうやって経験を学習に結びつけるかを解説していきます。

自分を開き、他者を受け入れる

　毎日の生活にしろ、研修の場にしろ、経験から学ぶために大切なのは「省察」と「概念化」のステージです。これらをあわせて**振り返り**（リフレクション）と

呼び、研修の中で重要な位置づけを占める活動です。

　振り返りで大切なことは、2つあります。1つは、自分自身の内面に向き合って内省し、そこで気づいたことなどを言葉にして自ら語っていくことです。自分を開くことから、**自己開示**と呼びます。

　もう1つは、相手を見て、自分が感じ気づいたことを言葉にして相手に返して伝えていく行為です。**フィードバック**と呼びます。前者が自分自身への鏡に映ったものを自らが公開するのに対し、後者ではこちらが相手の鏡となって相手の様子を伝えてあげます。

　自己開示とフィードバックを効果的に使っていくと、思わぬ自分を発見するチャンスが訪れます。図表5-02でいえば、自己開示は「自分は知っているが他者が知らない自分」（隠された窓）を開き、フィードバックは「他者は知っているが自分が知らない自分」（気づかない窓）を開く力を持っています。両者が相乗効果を生むとき、「自分も他者も知らない自分」（未知の窓）を発見することができるのです。

　忙しい毎日に追われている私たちは、なかなか自分（または組織）を振り返ることができません。経験学習モデルでいえば、実践→経験の繰り返しで、反省や後悔はしても省察することはあまりありません。「P(Plan・計画)→D(Do・

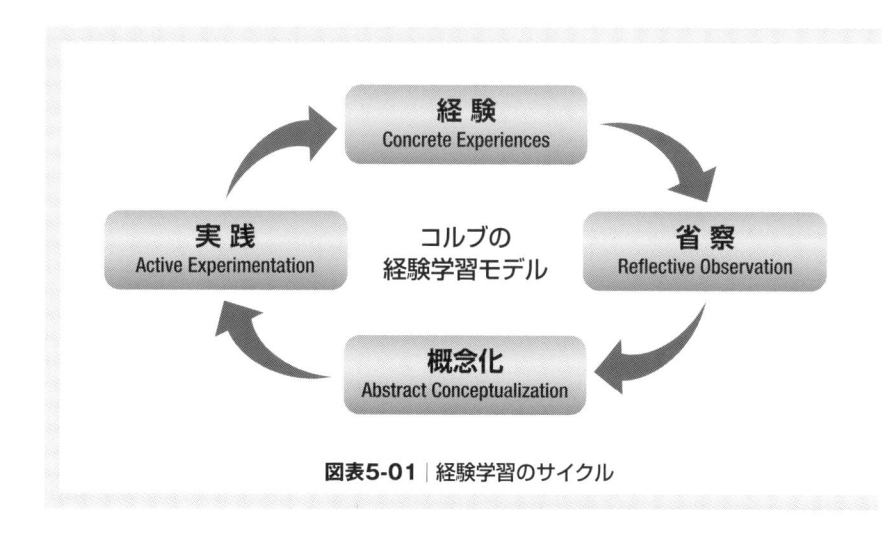

図表5-01 ｜ 経験学習のサイクル

実施）→ C（Check・監視）→ A（Action・改善）」のサイクルでいえば、「P」と「D」の連続で、「C」と「A」が抜け落ちているのです。

　前に述べたように、研修は人間ドックに入れてメンテナンスするようなものです。せっかく、現実から離れて研修という場に身を置いているのですから、落ち着いて自分と向き合う時間に充てましょう。普段言えなかったことを、ざっくばらんに語り合う場にしましょう。

　そこで振り返ったことは、きっと明日からの糧になるはずです。自分や組織の新しい可能性が見えてくるはずです。組織を元気にしていくためにも、研修の場で多様な人たちが多面的な角度から振り返ることはたいへん重要なことなのです。

振り返りで大切な3つの活動

　振り返りといっても、特別なことをやるわけではありません。「何を経験しましたか？」「何を思いましたか？」「なぜそう思ったのでしょうか？」「それ

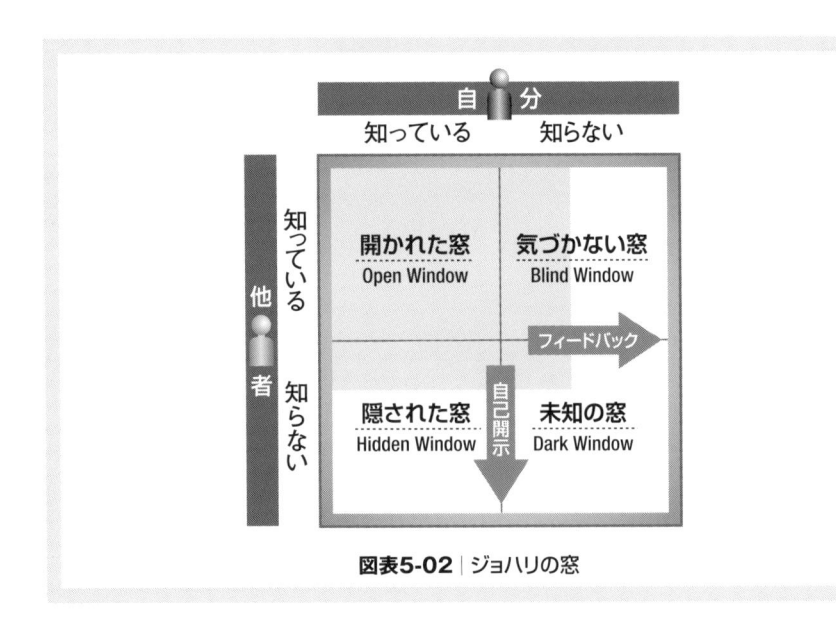

	自分	
	知っている	知らない
他者 知っている	開かれた窓 Open Window	気づかない窓 Blind Window
他者 知らない	隠された窓 Hidden Window	未知の窓 Dark Window

図表5-02 ｜ ジョハリの窓

は何を意味しているのでしょうか？」といった問いに対して、個人で考えたり、みんなで話し合っていけばよいだけの話です。【学習方法4】で紹介した話し合うアクティビティはすべて振り返りに使えます。

　加えて、ここでは振り返りで大切な3つの活動を取り上げ、代表的なアクティビティとともにやり方を紹介していきたいと思います。

【学習方法7】分かち合う

　自分が経験したことや感じたことを開示して、他者と共有するのが「分かち合い」（**シェアリング**）です。グループに分かれて活動したあとで、各グループでの成果や気づきを発表し合うのも、分かち合いに含まれます。多数を前にして自己開示するには、心のハードルを低くする工夫が要ります。

【学習方法8】内省する

　自分やグループの経験を振り返り、自分の行動や姿勢、感情や思考を省みるのが内省です。頭の中だけで考えるのがたいへんなときは、紙に書き出しながら考えたり、フレームワーク（ツール）やチェックシート（質問表）を使うと効果的です。

【学習方法9】深め合う

　振り返りを深めるのに大切なのが、他者に対して自分が感じたことを告げるフィードバックです。相手を傷つけないよう、一定のルールに沿って率直に自分の感じ方を伝えていきます。研修では、ファシリテーターが参加者にフィードバックすることも大切になってきます。

　さらに、今まで出た材料を使って、省察から概念化へと話し合いを深めていきます。話し合いのモードとしては、会話から対話へとシフトすることになります。

　ただし、そこで見つけ出すのは、あくまでもマイセオリーです。全員で合意形成をして正解を探すのではありません。1人ひとり得たものが違っていてもかまわず、それぞれに学びがあるのです。

2 【学習方法7】分かち合う

他人の経験から学ぶ

　分かち合うというのは「相手と同じものを持つ」（星野欣生『人間関係づくりトレーニング』）ということです。相手が伝えたいと思っている情報、経験、感情、思考、価値観、欲求、動機などを知り、同じものをコピーとして持つことを分かち合いといいます。

　そうすることで、相手を理解したり共感したりできるようになります。相手の知らなかった面も見つかり、互いの関係が深まります。さらに、相手との違いから自分に気がつき、それは自分の枠組みを広げるのに役立ちます。

　分かち合いは、語り手にもメリットがあります。相手の反応から自分を知り、やはり自分の枠組みを広げることにつながります。それと、不思議なもので、人は語っているうちに、自分の話したいことに気がつくことがよくあります。まさに経営学者のカール・ワイクが言った「私が何を言いたいかは言ってみるまで分からない」です。語ることで自分が本当に思っていることや大切にしていることが見つかることも珍しくありません。

　最近は、人と人の関わり合いが希薄になり、気持ちや考えを分かち合うことが少なくなってきました。せっかくの研修の機会なので、じっくりと腰をすえて、分かち合いをやってみてはいかがでしょうか。

グループサイズを工夫しよう

　分かち合いで悩むのは時間との兼ね合いです。30人が1人30分ずつ語ったのでは、それだけで2日間の研修が終わってしまいます。じっくり語りたい、でも時間がない……。そういうときは第2章（P61）で述べた人数展開法を

使って、分かち合いを促進させていきましょう。

　よくあるのは、少しずつ人数を増やしていく拡大型です。まずは個人で軽く内省をしたあと、ペアインタビューでじっくりと分かち合います。次に2ペアで1グループをつくって、4人で軽く分かち合います。さらにそれを8人でといった具合に、人数を増やしながら分かち合う時間を短くして、できるだけ大勢で分かち合うようにするのです。

　あるいは、グループで活動した成果を分かち合うときに、1グループずつ発表したのでは時間が足らないときがあります。そういうときは、グループを2～4つの塊に分けて、塊ごとで発表会をします。さらに、その中で一番良かった発表を代表選手として全員の前で発表をします。こうすると、短い時間で中身の濃い分かち合いができます。短時間で濃い分かち合いをするにはグループサイズが決め手、ということを覚えておいてください。

発表は本当に必要か？

　グループで話し合ったあとは、全員で分かち合うために発表を……そう思い込んでいる人いるようですが、ちょっと気をつけてください。実は、発表には意外な落とし穴があるのです。

　発表のための話し合いに陥る危険性があるからです。早くまとめようと予定調和になったり、必要以上に特定の意見をおもんばかったりして、話し合う意味が薄れてしまうかもしれません。

　時間の使い方も怪しくなります。たとえば、1時間でグループ討議と発表をすませようとすると、せいぜい話し合いが30分で、残りが発表とその準備にとられます。さらに、発表の最中は自分のグループの発表に気をとられて、他の発表は聴いていません。これでは何をしているのか分かりません。

図表5-03 | 発表の様子

チェックイン／アウト

●狙い／特徴

　ワークショップで最初に分かち合わないといけないのが、今の気持ちです。気持ちを分かち合えば、自分の居場所ができ、気分も落ち着きます。「チェックイン」と呼ばれる、ワークショップの代表的なアクティビティのひとつです。

●基本の進め方

　参加者全員が1人ずつ順番に30秒から1分程度で話していきます。テーマは「今の気分（気持ち）は？」というのが一般的ですが、最近身近にあった出来事や気になることなど、心の中が分かるものであれば何でも構いません。そのあとのプログラムとのつながりを考えて、テーマを提示するのもよいでしょう。

　あくまでも、気持ちを分かち合うのが目的ですので、それぞれの話を全員が否定することなく受け止めます。内容を深掘りする必要はなく、あっさりとした進行のほうがリズムも出てきます。気負うことなく進めていくことが何よりも大事です。

　気恥ずかしそうな人や慣れてない人に対しては、さりげなく「たとえば○○なことはどうですか？」などと質問をして、発言を促すようにしましょう。1人の発言が終わるたびに全員で拍手をすると、その場の一体感が醸成されやすくなります。話の長い人がいるようなら、ファシリテーターが最初に見本を示して長くなりすぎないように誘導します。

　座席の配置は、サークル型が、お互いの顔が見えてやりやすいでしょう。また、お茶を飲んだりアメなどを食べたりしながらおこなうと、気楽な場としての演出効果が高まります。

●展開／応用

　チェックインをしたら、チェックアウトを忘れないように。同じく、研修が終わった今の心境を1人ずつ順番に語ってもらうのです。語りにくい人には、「研修に満足できましたか？」「どこが満足（不満）？」「研修で何に気づき（感じ、学び）ましたか？」といった、少しかみ砕いた質問をするとよいでしょう。

　話しにくい場合は、ボールやペットボトルを「トーキングオブジェクト」として回すと効果的です。「それを持った人だけが話ができて、その他の人は聴いていないといけない」という魔法をかけてアイテムを回すのです。もらった人は語ろうと思い、その他の人は口をはさむのを諦めて、しっかりと聴こうとします。

　ただし、特にチェックアウトでは、話の長い人が出る恐れがあり、そういうときは時計をトーキングオブジェクトにすると、みんな時間を守ってくれるようになります。ぜひ一度試してみてください。

フリップ

●狙い／特徴
「フリップ」とは、テレビ番組などでよく使われる説明用の表・図・グラフのことです。手元にある紙に書き出してから分かち合うことで、参加を引き出していきます。

●基本の進め方
　基本的な進め方は「ひとこと自己紹介」＋「バズ」です。まず、参加者に用紙を配布します。何かの用紙の裏を使ってもよく、大きめの付箋でも構いません。
　ファシリテーターが参加者に意見を求めたいテーマを投げかけます。それをホワイトボードなどに書き出しておくと、参加者にとって親切です。
　おおよそ書き上がったころを見計らって、まずは、全員一斉にそのフリップを頭上や胸元に掲げてもらいます。そして周囲を見渡して見せ合ってもらい、自分の考え方や出てきたものとの相違を確認し合います。
　次に、周辺の２～４人ぐらいでその内容についてお互いに披露し合い、分かち合いをします。時間はかけても概ね１０分以内でしょう。面白い意見があれば、ファシリテーターがインタビューしたり、みんなで軽く対話するといった展開にもつなげられます。

●展開／応用
　意識啓発を目的とした研修で、個人の思いを書き出してもらい対話する、といった使い方が一般的です。すでにフリップに書き出しているため、分かち合いがスムーズにスタートできます。書く間にそれなりに自分の考えがまとまっているため、お互いの話題はまったくのゼロではない状態にはなっています。
　つまり、書いた時点ですでに参加しているということになるのです。また、自分が書いたことを提示しながら「話す」ことで、主体性を後押ししています。
　フリップは、大人数の広い会場で参加性を持たせたいときに重宝します。少人数の場合は、テレビのクイズ番組のような演出をして、深い意見を聞き出すときに使います。パネルディスカッション型の研修で、パネリストの考え方を簡潔に示してもらう、といった使い方もできます。
　研修の最初と最後に同じ投げかけをして、書かれた内容の変化を見る方法もあります。また、書かれた内容が近い者同士でグループ編成をすると、親和性も増してきます。

プレゼンテーション

代表例：1分間プレゼン

●狙い／特徴
　発表や報告は、グループワークのあとに必ずやるアクティビティです。ここでは、自分を考えを手短に発表する「1分間プレゼン」を紹介します。

●基本の進め方
　まず、参加者1人ひとりにコピー用紙を1枚ずつ配布し、他の方に1分間で説明できるようなプレゼン原稿を個人でつくってもらいます。
　次に、2人ペアになり、その内容を1分間でプレゼンをします。聞き手は話の内容（分かりやすさ、簡潔さなど）や話しぶり（表情、声のトーン、言葉遣いなど）について感じたことや気づいたことを相手にフィードバックします。終わったら役割を交代してもう一度同じ手順で繰り返します。
　ペアワークが終了したら、再び個人ワークに戻って、原稿の手直しをします。
　手直し終了後、今度は全員の前で1分間のプレゼンに挑戦です。人数が多い場合は複数のグループに分かれてやります。このときに聞き手は、付箋にプレゼンへのコメントを書いておきます。全員のプレゼンが終わったらコメントをお互いに渡し合い、その内容を確認しながら、最後に全体で振り返りをおこないます。

●展開／応用
　このアクティビティは、単に分かち合いをするだけではなく、自分の話すスキルがチェックできるのが利点です。コツをつかむには繰り返しが大事であり、リベンジのチャンスがあるのも有り難いです。
　単なる分かち合いではなく、プレゼンテーションのスキルを磨くために使うのでもよいでしょう。営業スタッフのプレゼン能力向上研修（商品のポイントを簡潔に説明できるようにする）、NPOの広報力アップ研修（活動やミッションのポイントを分かりやすく伝えるようにする）、要約力アップ研修（手短に簡潔に伝える力を養成する）などで威力を発揮します。
　一方、聴く側の気持ちに回ることによって、相手の視点や立場に立つこともできます。最後の全体プレゼンの際にコメントを書いてもらうのは、自分のプレゼンのことだけを考えさせないようにすることと、コメントを通じて観察する力を養うという狙いがあります。
　1分間プレゼンは、対象を人だけではなく、商品やサービスなどに広げると応用がどんどん広がっていきます。1分の内容となると、これは究極の要約ですので、広報や宣伝といった分野を対象に使うこともできます。

バザール

●狙い／特徴

「バザール」は、短時間でグループワークや個人での作業の成果物を分かち合い、密度を濃くした発表・共有をするためのアクティビティです。1人（1グループ）ずつプレゼンするより効率的に分かち合いができます。

●基本の進め方

　成果物を会場内で一覧できるように貼り出して、参加者に自由に見て回ってもらいます。見るだけではなく、そこで意見交換をすることもできます。貼り出す場所がない場合は、机の上に広げておくだけでも構いません。

　1つのやり方は、内容の説明なしで参加者が自由に見て回ることができる「回遊方式」です。グループ内で回覧板のようにお互いの成果物を回すものから、会場内を参加者が回遊するものまで、回し方がいろいろあります。

　もう1つは、そのグループの誰かが説明者となってその場に残り、他の参加者とのやり取りができる「ポスターセッション方式」です。説明役を交代しながら、みんなが見て回れるようにします。

　また、研修の時間内に見られそうもないときは、休憩時間や昼食時間をバザールの時間に充てることもできます。

●展開／応用

　成果を発表する方法としては、参加者の前でプレゼンをするのが一般的です。しかしながら、プレゼンには、すべての発表に付き合わなければならない、質疑応答や関心あることを深く知る機会が乏しい、自分の出番が気になって他の発表を聴いていない、発表者が限られてしまうと参加性が薄くなる、といった弱点があります。時間がかかる割に満足度や共有度が低くなってしまうわけです。これらの弱点を克服しつつ気楽に参加できる方法としてバザールを活用していきましょう。

　バザールを単なる分かち合いの場にせず、進め方に一工夫を加えると、参加性や双方向性がさらに上がります。説明者との間で活発な質疑応答をおこなう、出されている内容に対して付箋でコメントをつけてもらう、共感できる内容に対してシールで投票する、といった工夫です。

　具体的には、企画力アップ研修（企画書の内容に対してお互いに批評し合う）、広報力アップ研修（作成したチラシに対してコメントを述べ合う）、メンバーをイキイキさせるためのボランティアリーダー研修（出されたアイデアに対して共感するものにシールで投票する）などで使うと効果的です。

ですから、ときには思い切ってあえて発表を求めず、対話にしっかりと時間をかけて「わざわざ集まった」効果を出す方法もあるのです。その代わり、最後にランダムに感想を求めたり、全員で成果物をバザールで見て回ることで、発表するよりも参加者の共有度が高まることもあります。

一言多いファシリテーターは要注意

　個人やグループで発表をするときに、いちいちコメントをつけるファシリテーターがいます。悪いとはいいませんが、注意が必要です。
　スキル習得といった研修の目的を達成するために、発表内容に対する評価や助言が必要な場合はまったく問題ありません。むしろ的確なフィードバックをするのがファシリテーターの役目です。
　しかしながら、単なる分かち合いではコメントは無用です。分かち合いは参加者同士がおこなうものであり、ファシリテーターに報告しているわけではないからです。「ありがとうございました。では次の方」で十分です。いちいちコメントをつけられると参加者は「あんた、何様だ」と言いたくなります。
　また、ファシリテーターも1人の権力者であり、その意向を伺うようになっては元も子もありません。「今の発表に対して、皆さんから感想、疑問、コメントはありませんか？」と会場にふって、対話を進めるのがファシリテーターとして望ましい態度です。
　もしコメントを述べるとしたら、分かち合いが一通り終わったあとです。その際も、中身の共通点や大まかな傾向、プロセス（話し方や進め方）で気づいたことなどをコメントするのにとどめておきましょう。

意図開きが一体感と納得感を生む

　ファシリテーターが参加者の1人として分かち合いに参加するのは問題ありません。特にファシリテーターが外部の人間の場合、参加者にはないユニークな知識や経験を持っていることがあります。それを披露することで、みんなの気づきが深まるのであれば、躊躇する必要はありません。

ただし、過去の経験を自慢したり、知識をひけらかしたり、振り返りを特定の方向に結論づけるような話をしたのでは逆効果になります。あくまでも気づきを促進する刺激として話をするのであり、本末転倒にならないよう十分に気をつけてください。

　ファシリテーターの分かち合いで、ときに効果的なのが**意図開き**です。研修やプログラムに込めた主催者（企画者）側の意図を紹介する種明かしです。

　これは、どのような狙いでこのプログラムを構成したかを開示することで、「なるほど、そういう意味だったのか」と、研修中の活動やそこで起こったことの理解が深まるからです。参加者との距離を縮めて一体感をつくり出すことにもつながります。参加者の疑問やモヤモヤ感に応え、腹落ち感をさらに深める効果もあります。

　ただし、あまりに細かく種明かしをすると、「仕込まれた」という感が募り、せっかくの主体性に水をかける危険性もあります。程度や可否についてはよく考えてからやるようにしましょう。

Column 4　困ったときの３つの質問

　「今の発表に対して皆さんから質問やコメントは？」と言っても、参加者から何も出てこないことがあります。そういうときは、ファシリテーターがとってつけたコメントするよりも、みんながコメントをしやすくするための質問をするのが効果的です。たとえば、次の３つの質問です。

　「一番工夫した（苦労した、こだわった）点はどこですか？」
　「どんなプロセスでこのようにまとまったのですか？」
　「もう少しここをこうすればよかったという点はありませんか？」

　その上で、もう一度コメントを参加者に尋ねてみましょう。それで何も出てこなくても、ファシリテーターの求めに応じて追加説明したということで、発表者を傷つけずにすみます。どんな場合にも使える便利な質問なので、ぜひポケットに入れておいてください。

3 【学習方法8】
内省する

「反省」ではなく「内省」をしよう

　皆さんは、「内省」と「反省」の違いをご存じでしょうか。ともに「省みる」という漢字がついており、頭に内がつくか、反がつくかの違いです。

　内省は内観ともいいます。辞書を引くと「自分自身の心のはたらきや状態をかえりみること」であり「自己の内面を見つめ、そこにあるものを探求すること」と書かれています（『大辞林』、以下同様）。それに対して反省は、「過去の自分の言動やありかたに間違いがなかったかどうかよく考えること」です。

　たとえば、何かの体験をしたあとで、「自分はどうだっただろうか」「なぜ、そうだったのだろうか」「それは何を意味しているのだろうか」と考えるのが内省です。一方の反省では「あれでよかったのか」「なぜいつもああなってしまうのか」「もっとどうすればよかったのか」を考えます。

　前者が、自分を知るためにニュートラル（もしくは肯定的）に見つめるのに対して、後者では誤った行動を正すために自分を否定的に捉えます。それが、頭についている内と反の違いです。

　普段私たちは、内省をせずに、いきなり反省モードに突入してしまいがちです。それは往々にして、答えを急ぐあまり、上っ面をなでたような改善策を考えたり、借り物の知識で安易に結論づけることになります。分かったつもりになって行動に移しても、また同じ過ちを繰り返してしまいます。ひたすら反省と行動を行ったり来たりするハメに陥ってしまうのです。

　まずは、しっかりと内省をして、自分を見つめて分析をしましょう。さらに、自分の行動の本質を見つけ出しましょう。その上で、次の行動を考えることが、自己変革に向けての近道になるのです。

ときには静かに1人で考える

このように内省は個人的な行為です。参加者全員が10分間黙って1人で静かに考える、というのでも構いません。研修会場が郊外にあるのなら、自然の中を散歩しながら1時間考えるというのでもOKです。大切なのは、その時間をとることです。

ただ、これでは何を考えてよいか分からない、という人がいるかもしれません。何か手がかりがあったり、みんなでやるほうが、内省が促進されるということもあります。そのためのアクティビティを次ページでいくつか紹介しておきます。

分かち合いが本当に必要か？

内省は個人的な行為ですから、必ずしも気づいた内容を分かち合う必要はありません。それぞれが、自分の宝物として持ち帰って、大切に温め続ければよいだけの話です。

とはいえ、それを他者に伝えたい人もいますし、語ることで見えてくることもあります。他の人の気づきも気になり、気づきを交換することで、新たな気づきも生まれてきます。内省したあとで分かち合いをするというのが一般的な流れとなります。

このときに気をつけてほしいのですが、分かち合いがあとに控えているとなると、そのための内省になってしまうことがあります。みんなの前で披露しないといけないと思うと、思うがままに内省ができなくなるのです。痛し痒しといったところでしょうか。

分かち合いをするかどうかは、プログラムの都合やその場の判断に任せるとして、少なくともする場合は、"事前に"参加者に伝えておくようにしましょう。いきなりだと「そんなつもりじゃなかった……」となり、開きたくない扉を無理にこじ開けることになりかねませんので。

セルフチェック

代表例：タイムライン

●狙い／特徴
　今までの自分を振り返り、過去の体験や研修テーマに対する今の思いなど、個人が持っている資源を引き出すアクティビティです。いろんなやり方があるのですが、代表選手として「タイムライン」（人生曲線）を紹介します。

●基本の進め方
　タイムラインは、過去や現在の自分を振り返ることで、今までの体験や現在の自分の状況を整理し、テーマへの関心を高めていくアクティビティです。
　たとえば、キャリアデザインの研修の冒頭に、今までの人生をグラフで表してみます。縦軸に活性度（満足度、幸福度など）をとり、好調なときをプラスに、不調なときをマイナスにします。横軸は、時間（年）をとり、年齢と共にどう変化したかを表すのです。ピークの箇所、変曲点、大きく変動しているところなどがあれば、転機となったトピックを書き加えます。
　今までの人生を振り返るのですから、あせる必要はなく、じっくりと考えながら書き出しましょう。全員が書けたら、軽く分かち合って、相互交流に活用します。

●展開／応用
　タイムラインのポイントは視覚的に表すところにあります。直観的で分かりやすく、客観的に状況を把握することができます。みんなでプロジェクト活動を振り返るといった使い方もできます。
　同じような特性を活かしたものに、時計やカレンダーがあります。たとえば、ワークライフバランスの研修で、24時間時計（または1週間のカレンダー）を描いて、1日（1週間）のうち何にどれくらいの時間を使っているかを記入しながら、ライフスタイルを振り返ります。
　他にも、体の絵を描いて、そこに過去の思い出や記憶を記入していく「体の記憶」や、地図や家の間取りをもとにした「ライフマップ」などもあります。自分を木や車に見立てて、そこに自分を投影するやり方もあります。

●他のアクティビティ
- チェックシート
　　性格診断でよくあるように、あらかじめ何十項目かを並べたチェックシートに記入してもらい、どんな傾向があるのかを振り返ります。
- 重要度／緊急度マトリクス
　　自分の仕事を、「重要である／重要でない」「緊急である／緊急でない」の2軸で分類して、「貧乏暇なし」になっていないか、仕事の傾向を振り返ります。

振り返り

代表例：KPT

● **狙い／特徴**

　数ある振り返りの方法の中で、プロジェクトマネジメントで使われてきた「KPT」を紹介します。シンプルで分かりやすい、手軽で参加しやすい、枠組みが見えていて共有しやすいという特徴があり、いつでも気軽に使うことができます。

● **基本の進め方**

　KPTとは、Keep、Problem、Tryの頭文字を取ったものです。おこなってきた活動を、「良かったので次も続けてやりたいこと（K：Keep）」「問題だったので次は改善が必要なこと、またはやめたいこと（P：Problem）」「次にやってみたいこと（T：Try）」の3つに分類して整理し評価する方法です。

　まず、ホワイトボードか模造紙に3区画の図を作成します。次に、付箋に参加者それぞれが「続けたいこと」「問題だったこと」「次にやってみたいこと」を書き込み、それぞれの区画に貼りつけてもらいます。たくさん出てきたら、似た内容をまとめ整理します。できる限り全員参加でやるのが望ましいです。

● **展開／応用**

　KPTを個人でおこなうと、自分の課題整理に役に立ちます。テーマは基本的には何でもよく、仕事上の業務改善、職場のコミュニケーション、自己啓発など自分自身の課題意識を深めるような使い方が効果的です。何回も繰り返すと、身につき方が速くなります。たとえば、業務改善力向上研修で、身の回りの業務改善の取り組みを整理して、次のアクションを考えるのに使えます。

　また、定期的に実施する研修や、セッションごとに振り返りに標準仕様で入れておくと、参加者の成長を定点観測しやすくなります。体験教育型の研修で、アクティビティで感じたことを整理する、といった使い方です。

　あるいは、研修の全体振り返りで、明日からの行動を発表する方法としても使えます。それを、主催者やファシリテーターへのフィードバックとも見れば、参加者からのPは次のTのチャンス。結果は真摯に受け止め、次につなげていきましょう。

● **他のアクティビティ**

- **誇りに思うこと／残念なこと**

　自分やチームの活動を振り返って「誇りに思うこと」と「残念なこと」を挙げていきます。似たようなアクティビティに「喜／怒／哀／楽」や「プラス／デルタ」などがあります。

- **沈黙**

　目を閉じて一言も話さずに、研修で起こったことを各自で振り返ります（正座や寝てやるのもよい）。チェックアウトや振り返りの前にやると効果的です。

振り返りでホンネを引き出すテクニック

　分かち合いをする場合は、できるだけその人のホンネを引き出したいところです。ホンネが出ないと振り返りが表面的になってしまい、十分な気づきが引き出せません。

　しかしながら、いくら研修という非日常の場とはいえ、大人（特に男性）がホンネをさらけ出すというのはためらわれます。ここで、振り返りの中でホンネを引き出すコツを少し紹介しておきましょう。

1）話しやすい場をつくる

　前に述べたように、集団圧力を減らすために、振り返りは少人数から始めるのが得策です。それも、語り手と聞き手の距離をできるだけ近づけたほうが話しやすくなります。図表2-03でいえば、バズ型やサークル型が振り返りに適したレイアウトです。照明を少し落としたほうが（顔が見えなくなるのが一番！）内面的な話がしやすくなります。

2）みんなで受け止める

　せっかく勇気を出して話をしても、それを受け取ってくれる人がいないと、次から話そうという気になりません。聞き手がしっかり話を聴くことが、語り手の自己開示を促進させていきます。いわゆる傾聴と呼ばれる聴き方です。

　そのコツは、相手に分かりやすいレスポンスを返すことです。具体的にはうなずきと相づちです。あるいは、1人が語り終わるたびに「ありがとう」と言って全員で拍手をする、というのもワークショップでよく使う方法です。研修ですから、恥ずかしがらずにやってみましょう。

3）誰かが率先して語る

　自己開示には返報性があるといわれています。自分が開いたものと、同じレベルのものを返そうと思う性質です。誰かが先に腹を割ってみせる、というのは自己開示を促進するための格好の方法です。

　振り返りでは、最初に語る人が自己開示のペースセッターになります。その

人がどれくらいホンネを出すかで、あとが決まってしまいます。できるだけ率先してやってくれそうな人にトップバッターをお願いをしましょう。ファシリテーター自身が、見本としてやってみせるのもよい方法です。

4）段階的に開いていく

いきなり「あなたのホンネは？」と問いつめたのでは、かえってガードを堅くするだけです。まずは語りやすいテーマから始めて、少しずつそそのかしていきましょう。これを**ペース＆リード**と呼びます。

たとえば、何かの体験をしたあとなら、「面白かったですか？」「どんな気持ちですか？」と感想を尋ねるところから入ります。内省をしたあとなら、今の気分を軽く尋ねてから、「何について考えていましたか？」と、内容ではなくテーマを尋ねところから始めるようにします。

5）書いてから話をする

いきなり話し始めるのではなく、事前に少しだけ話したいことを整理するために付箋などに書き出しておいてもらうのも１つの手です。書きながら自分の考えをまとめることができ、いったん書くと話をする勇気が湧いてきます。参加者がノリにくい場合は、簡単な質問を並べた**振り返りシート**を用意しておくのも効果的です。

振り返りシート

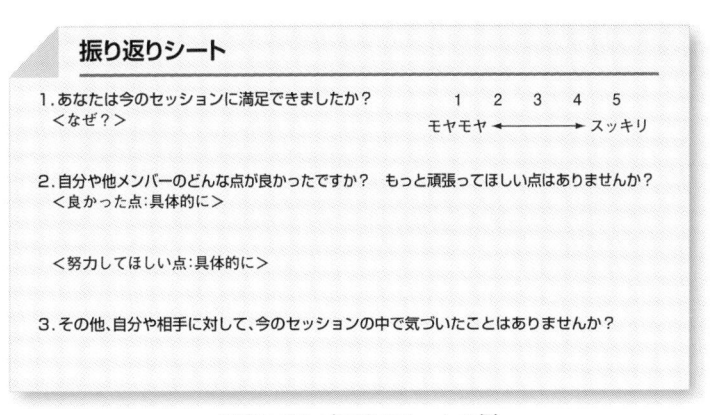

1．あなたは今のセッションに満足できましたか？　　　1　2　3　4　5
　＜なぜ？＞　　　　　　　　　　　　　　　　　　モヤモヤ ←――→ スッキリ

2．自分や他メンバーのどんな点が良かったですか？　もっと頑張ってほしい点はありませんか？
　＜良かった点：具体的に＞

　＜努力してほしい点：具体的に＞

3．その他、自分や相手に対して、今のセッションの中で気づいたことはありませんか？

図表5-04｜振り返りシートの例

4 【学習方法9】
深め合う

フィードバックの4原則

　人は、自分のことは自分ではなかなか気づけないものです。「あなたは、周りからこのように受け取られていますよ」と伝えてもらう機会は、研修以外にはなかなかありません。研修は人間ドックのようなものだといいましたが、フィードバックはまさに検査結果のレポートであり、研修での一番のお持ち帰りになります。

　集合研修のよさを活かすためには、参加者同士でやるフィードバックが重要です。特に、参加者の多様性が大きいときには、気づきを得るとても有効な手段となります。

　ただし、そのときにフィードバックの原則を守らないと、相手が傷ついたり、険悪なムードになってしまいます。そうならないよう、振り返りで使える4つのルールを紹介しておきます。参加者同士がフィードバックし合うときには、このルールを簡単に説明してからやるようにしましょう。

1）両者が一致した建設的な目的のためにおこなう

　何のためにフィードバックをするのか、目的や狙いを伝え、それを受け入れる準備が整ったことを確認してから始めます。好意的な観察を強調するのは好ましいですが、否定的な観察を躊躇する必要はありません。

2）相手の態度・行動についてのみ伝える

　人格、性格、考え方、価値といった、その人の深層部分については触れず、表に現れた部分だけフィードバックします。

3）自分の観察・印象・判断のみを伝える

あくまでも個人としての観察結果であり、他の人や世間（常識）を持ち出す必要はありません。しかも、評価、非難、攻撃、強制をせず、感じたことだけを伝えます。

4）具体的かつ明確に描写する

「よくなかった」と漠然と印象を伝えられても、どう対処してよいか分かりません。「みんなの意見を聴いていなかった」といったように、行為を特定して変に一般化しないことがコツです。

フィードバックは、できるだけその場そのときにおこなうほうが望ましいです。時間が経てば経つほど「あれ、そうだったかな？」とフィードバックの効果が薄れてくるからです。相手が受け入れることができるなら、なるべく現場でおこなうようにしましょう。

経験を学習につなげる対話

振り返りのハイライトは、自己開示やフィードバックされた内容をもとに組み立てる対話です。

繰り返しになりますが、対話の成果は、みんなが「なるほど！」と思える、テーマの本質を突いた新しい考え方を発見することです。それは人それぞれが違っていても構いません。1人ひとりが対話を通して探求を続け、自分なりの「なるほど」を見つければよいのです。

振り返りでよくあるのは、対話が会話になってしまう失敗です。軋轢（あつれき）を避けるため「君はそう思うのか、私はこう思うんだ。人それぞれだね」で終わってしまうのです。逆に、対話が議論になることもよくあります。「君はそう思うのか、私はこう思うんだ。どちらが正しいか決着をつけよう」です。

対話とは「君はそう思うのか、私はこう思うんだ。だったら、こういう考え方はどうだろうか？」というものです。勝った負けたではなく、両者の考えのさらに上をいく、新しい考えを生み出すのです。

フィードバック

● 狙い／特徴

　普段の生活の中でなかなか得られないのがフィードバックであり、これが研修の一番の収穫といっても過言ではありません。しかしながら、互いに遠慮したり、人間関係に気を遣い、研修といえどもホンネのフィードバックが得にくいのが実状です。そんな遠慮の壁を打ち破るためのいくつかの工夫を紹介します。

● 基本の進め方

　本人を前にフィードバックをするのは誰しも気が引けます。そういうときは、「フィードバックされている人は聴くことに徹して、反論も弁護も一切しない」というルールをつくってからやると、少し気楽に話ができます。もちろん、されたほうは腹がふくれるばかりなので、最後に言い訳をするチャンスを与えてあげましょう。

　それでも言いにくいときは、後ろを向いてもらって、みんなで噂話をするという手があります。不思議なもので、これだけでずいぶんプレッシャーが減り、気軽に話ができるようになります。しかも、受けるほうはみんなの顔が見えず、声も聴きづらいので、おのずと真剣に耳を傾けるようになります。

　要するに、忌憚のないフィードバックができるかどうかは、安心できる場がつくれるかどうかにかかっているのです。

● 展開／応用

　フィードバックでは、ネガティブな意見が出しにくいものです。そこで活用したいのが「2ストライク3ボール」です。本人の良い点を2つ、改善点を3つずつ挙げてもらうのです。数を決める、良い点を先に挙げる、悪い点ではなく改善点というのがミソです。こうやれば無理なくネガティブな意見が出せます。ストライクとボールの数は、その場に合わせて調整するようにします。

　あるいは、改善点だけを抽出したいときは、「役割だと思って、わざとこき下ろしてください！」とお願いする「悪魔の批評者」というアクティビティがあります。この場合は、険悪なムードにならないようにゲーム感覚でやるようにしましょう。

　ネガティブな意見も遠慮なく出してもらうためのもう1つのやり方は、振り返りシートに書いて相手に渡すことです。参加者それぞれに対して、良かった点（こんなことをしてくれてありがとう）と改善点（もっとこうしてくれたらよかった）を書いてプレゼントするのです。「友人への手紙」と呼びます。

　これを応用すれば「自分への手紙」もできます。自分が振り返った内容を書いて預かってもらい、一定期間経ってから返してもらうのです。忙しい日常の中で忘れがちな気づきを思い出してもらうための優れた方法です。

フィッシュボウル

● 狙い／特徴

　複数のグループや個人が互いの様子を観察して、その結果を相互にフィードバックし合う手法です。お互いが相手を客観的に見ることによって、自分自身が気づかない姿やクセを知ることができ、学びが一層深まっていきます。

● 基本の進め方

　グループでやる場合は、2つのグループをつくり、1つのグループが内側、もう1つのグループが外側になって2重の円をつくります。何かのテーマで内側のグループが20分ほど議論をおこない、外側のグループはその議論の様子を観察します。それが、金魚鉢の外から金魚を見ている様子に似ていることからフィッシュボウルと呼びます。

　観察の際には、「何を話しているか」という内容よりも「どのように話しているか」というグループの雰囲気、互いの関わり方、態度や心の声を中心に観察します。議論が終わったら外側のグループから内側のグループへ、感じたことなどをフィードバックしつつ、最後はみんなで振り返りをやります。これを、内外を入れ替えてもう1回繰り返します。

　個人の場合も基本的には同じやり方ですが、フィードバックが直接的になりますので個人攻撃にならないように気をつけなければいけません。

● 展開／応用

　フィッシュボウルは、会議研修（会議をしている姿を観察して事実や状況を振り返る）、グループワークトレーニング研修（グループで共同作業をしている姿を観察して段取りを振り返る）、講師養成研修（研修をおこなっている姿を観察して参加者目線でフィードバックする）などで効果的です。感覚としてはなかなか伝えきれないことを言葉で伝えなければならない場面での活用が適しています。

　人は自分の振る舞いは自分ではよく分かりません。集団の中でライブに起こっていることを、その渦中にいる個人の立場ではなかなか正確につかむことはできません。

　俯瞰して「岡目八目」の立場となる観察者をそこに入れることにより、その状況を言語化することが可能になります。また、没頭してホットになっている状態をクールに見ることで「自分はこんな状態にならないか」ということを想像するのです。まさに「人のふり見てわがふり直せ」であり、空気を読むメタスキルを養う方法としても最適です。

対話は、相手の考えを鵜呑みするのではなく、「批判的に考える」ところから始まります。次に述べる４つの質問をフルに活用するのがコツです。

　　「なぜなのでしょうか？」
　　「そこから何が言えるのでしょうか？」
　　「本当にそうなのでしょうか？」
　　「他の考え方はできないのでしょうか？」

振り返りを深める質問法

　振り返りで対話を深めるために有効な問いかけが４つあります。この順番で考えることで、体験からマイセオリーがつくり出せます。

1）特定する 「いったい、何が起こったのか？」

　まずは、その場で起こったことを特定するための質問です。まずは、起こったことを正しくつかまないと、あとの対話が深まっていきません。

　　「Aさんはこう感じて、Bさんはこう感じたようです。では、この場でいったい、何が起こったのでしょうか？」
　　「そのときに２人で考えていたことを合わせると、どんなことがこのときに起こっていたと言えるでしょうか？」

2）分析する 「なぜ、そうなったのか？」

　次に、それを解釈したり、分析をして、そこで働くメカニズムやプロセスを明らかにしていきます。

　　「なぜ、それが、そのような行動に結びついてしまったのでしょうか？」
　　「それは、どのように説明をすればよいのでしょうか？」

3）意味づける 「それは何を意味しているのか？」

さらに、分析したことを意味づけして、一般的な原理や抽象的な概念にまとめていきます。

「それは私たちにどんな意味を持ち、何を学んだのでしょうか？」
「そこから、私たちは、何か『こういうときは、こうすればよい』という成功法則が導けるでしょうか？」

4) 応用する 「どうすればよいのか?」
最後は、次の行動に向けての仮説を導いていきます。目標、課題、行動計画などを明らかにして、現場への実践へとつなげます。

「この気づきを、私たちはどのように活用していけばよいのでしょうか？」
「私たちは次に何を目指し、どのように行動していくのが望ましいのでしょうか？」

ファシリテーターは、このような問いかけをしながら、必要に応じて、参加者が知らない専門知識をスパイスに加えて、概念化（知識化）のお手伝いをしていきます。

無理にオチをつけない

みんなで振り返っていると、無理に1つの結論にまとめようとする人が出ることがよくありますが、それは無用です。ましてや、ファシリテーターが「今日の学びはこういうことですね」とオチをつける必要もありません。もしオチをつけるなら、研修で起こったことを解説し、そこからどんな問いが生まれてくるのか、これから参加者が問い続けるテーマを明らかにするのにとどめておきましょう。

図表5-05 振り返りの様子

5 リフレクションで使える実践テクニック

ステップを踏んでコメントをする

　ファシリテーターからのコメントは参加型研修の重要な要素の１つです。どれだけ的確なコメントができるかで、ファシリテーターの力量が測れるといっても過言ではありません。特に、ファシリテーターが参加者にない知識や経験を持っていたり、参加者の同質性が高いときは大切な役目となります。「仲間内では言えないことをズバッと言ってほしい」という期待もあります。

　コメントをする最終的な目的は、相手の考え方や行動を変えさせることです。一方的なコメントでは、納得感が低いため、心理的抵抗が生まれて、行動変容につながりにくくなります。下手をすると相手の自尊心を傷つけ、かえって変容を妨げる恐れもあります。

　できれば、コメントを通じて自分で考え、期待する行動を言葉で表現し、言葉に合わせて考えや行動を正当化するよう持っていくようにしたいところです。このほうが心理的抵抗や不平不満が少なく、モチベーションが高まり、相手を育てることにもつながります。

　ですからコメントをするときは、なるべく後者のやり方から始め、それで効果がないときには少しずつ前者のやり方へとステップを踏んでいくのが望ましい形となります。ここでは、ファシリテーターが使う頻度がもっとも高い、フィードバックを使ったコメントについて解説していきます。

ファシリテーターからのフィードバック

　ファシリテーターがフィードバックするときも、先に述べた４つの原則を守らなければなりません。それを踏まえた上で、もう少し具体的にフィードバッ

クの仕方を紹介しましょう。

1) 相手のために思いやりを持って

フィードバックは、相手の成長を願い、思いやりを持っておこないます。まずはねぎらいの言葉をかけ、フィードバックを受け入れる準備が整ったことを確認してから始めましょう。

「Aさん。リーダー役をありがとうございました。今ここで、気がついたことを少しお話しさせていただいてもよろしいでしょうか？」

2) 良かった点を先に言う

ポジティブな面を指摘してから、ネガティブな面を指摘したほうが、相手が受け取りやすくなります。耳が痛い話でも素直に受け入れてくれます。

「先ほどのAさんのやり方で感心したのは……という点でした」

3) "自分"が見て感じたことを具体的に

特にネガティブなことを伝えるときは、必ず主語を私（I）にします（Iメッセージと呼びます）。そうしながら、自分が受けた印象を中心に、なるべく具

強制(攻撃)的 ←				→ 非強制(民主)的
指示	評価	助言	質問	フィードバック
そんな考えはやめてください	そんな考えはよくないと思います	こういう考えをしてみませんか	もっと違った考え方はありませんか	それを聞いて私は寂しく感じました

図表5-06 ｜ コメントの5段階

体的に伝えていきます。

　「加えて、私が気になったのは、Ａさんの……というところでした。どうしてそう思ったかというと……」

4）最後は相手に委ねて励ます

　フィードバックを受けてどうするかは相手の判断に委ねればよく、助言や評価を強制する必要はありません。そして、最後は励ましの言葉を忘れずに。

　「よかったらＡさんの今後のために、一度、この点について考えてみてはいかがでしょうか。これからも頑張ってくださいね」

　フィードバックは、その場そのときのほうが効果が高いのですが、ネガティブなフィードバックをみんなの前でやると、少なからずその人を傷つける恐れがあります。その場合は、休憩時間に１対１で伝えるといった配慮が必要となります。

振り返りは葛藤にフォーカスする

　振り返りをやっていると、感じ方や受け止め方の違いが露わになることがよくあります。「私はあのときこういうつもりだったんだけど」「え、あれって、こうだったんじゃないの？」「あなたこそ、そんなふうに思っていたなんて……」というパターンです。

　同じ体験をしても感じ方は人それぞれ違います。振り返りの場ではそれがぶつかり合って、しばしば葛藤や対立が生まれます。生まれないほうがおかしいくらいです。

　これこそ、逃してはいけない一番"美味しい"素材です。波風を立てるのを怖がってはいけません。なぜそうなったのか、それは何を意味しているのか、どんどん掘り下げて話を進めていきましょう。

　葛藤にはドラマがあります。互いにホンネでぶつかり合い、良くも悪くも関

係性が大きく揺らぎます。対立を解消しようとエネルギーも湧いてきます。誰かのほんの小さなキッカケで、流れが一転することもあります。そうやって葛藤を力を合わせてくぐり抜けることで、集団は大きく成長します。

　葛藤や対立に焦点をあてると、そこからいろんなものが見えてきます。時間が限られている中で、効率的に振り返るには葛藤に着目するのがコツです。振り返りでは葛藤に光をあてることを頭の片隅に置いておきましょう。

■ 険悪なムードになったときに

　といっても、感情的にエスカレートして、人と人がぶつかり合うようになったのではやり過ぎです。そういうときは、クールダウンをさせる働きかけが必要です。

　興奮している人がいたら、その人の側に行って肩に手を置き、「えらく熱くなっていますね。ここは大切な話ですから、ゆっくりと相手に分かるように説明しましょうね」と、熱を冷ましつつ、間を置くように促します。

　あるいは、両派に分かれてヒートアップしてきたら、「今、この場は緊張状態（ホットスポット）にあり、みんな興奮しています」と、今ここで起こっていることを解説することが重要です。その上で「一度、ここまでの話し合いを整理してみましょう」と告げ、片方ずつ主張の内容をわざと"ゆっくり"解説をして、論点をレビューしていきます。

　もっとひどい場合は、いったんブレイクをとるのが一番の方法です。許されるのなら、飲み物やお菓子をとるのも効果があります。こういった場の空気を冷ます技もポケットに入れておくと重宝します。

■ 振り返りの時間がなくなった！

　振り返りの時間は、用意していてもいろんな事情でなくなるのが常です。ウッカリして振り返りの時間を見積もるのを忘れていたという失敗もあります。そんなときでも、やり方次第で振り返りはできます。

1) 質疑応答の時間を充てる

講義中心のプログラムでは、振り返りの時間がないのが普通です。そんなときでも、質疑応答の時間を活用しましょう。

1人の質問は、みんなの疑問かもしれません。それを分かち合うところから始めて、タイミングよく「ペアインタビュー」や「フリップ」を繰り出せば、少しずつ対話の場をつくり出すことができます。

2) 発表の時間を充てる

グループ討議のあとの発表をやめて、その時間を対話の時間にしてしまう方法もあります。

発表は必ず要るというものではありません。おざなりの発表をするくらいなら、机の上に模造紙でも広げて落書きをしながら話し合い、終わったあとでみんなで回遊すれば何となく分かち合いができます。そうやって捻出した時間を振り返りに充てればよいのです。

参加者全員に一言ずつ感想を言ってもらう「チェックアウト」や沈黙の時間をつくって1人ひとりに心の中で振り返ってもらうのでも結構。少しの時間でもよいですから振り返りの時間をつくってみてください。

3) 振り返りシートを活かす

どう頑張っても研修時間中に振り返りの時間がとれなかったら、せめて研修で感じたことや気づいたことを紙に書いて出してもらいましょう。これはアンケートとは別物で、自分を振り返るために書いてもらうのです。

ある団体では、講師へのフィードバックと、同じグループのメンバーへのフィードバックのメモを最後に書いて、手紙として届けるということをやっています。メーリングリストをつくって振り返りをやるのもよいでしょう。工夫次第でいくらでも振り返りはできるはずです。

実践!
教育研修
ファシリテーター

第6章 サンプルプログラム集

■ 実際に使いこなそう！

　この章では、実際にマルチスタイルメソッドでおこなわれた研修の事例を7つ紹介します。ファシリテーターの経験が浅い方は、今まで学んできたことが、実際にどのように使われているのかを考えながら読み進めてみてください。すでにあるプログラムを読み解いていくのが上達への1つの方法です。

　加えて、ある程度経験を積んだ方は、背景、目的、対象者などに応じてファシリテーターが何に着目してどのように取り組んでいったか、そのときのファシリテーターの意図や心境に思いを馳せてみましょう。

　また、これらのプログラムは、皆さんが進めている研修のひな形として活用していただいても結構です。既存のプログラムを流用するのが手っ取り早い上達法です。まずは、そのままやってみて、自分なりにアレンジしていくところからスキルを磨いていくことをお勧めします。

■ 人と組織を変える研修

　ここで取り上げる7つの事例は、単なる知識やスキルの習得にとどまらず、広い意味での組織開発的な要素を含んだものばかりです。そういったものにこそ、ファシリテーターの本領が発揮できるからです。

　なお、事例の表記にあたっては、個人や組織を特定できないように配慮していることをご了解ください。

1) 新入社員教育での業務紹介

　仕事の経験のない新入社員に営業やマーケティングの業務内容を伝えるというのは案外難しいものです。講義一辺倒で退屈になりがちな新入社員教育を、社内講師のプログラムの工夫で活気ある研修に変身させました。

2) 組織を強くする研修

　問題解決の新しい手法を学びながら、それを応用することで組織を強くすることを目指しています。研修という名称がついていますが、比較的短時間でで

きる組織開発のワークショップといったほうが正確かもしれません。

3) 福祉教育・ボランティア教育研修

子どもたちにボランティアをどのように伝えるのか、伝えるときの工夫はどのようなものがあるのかを考える研修です。営業研修やプレゼン研修など、人に何かを伝える研修のオーソドックスなつくり方が見て取れます。

4) 合宿形式のコンプライアンス研修

組織内の綱紀粛正を狙ったコンプライアンス研修であり、いかに「個人」として心に感じ、「組織」の過去の慣習を拭い捨てられるかがポイントです。参加者の空気を読んで、ガラリとプログラムを入れ替えました。

5) 女性社員の意欲を引き出す研修

中堅女性社員が、自らを見つめ直し、新たな役割と成長の方向性を確認する研修です。グループサイズも小まめに変えながら、講義、ワークショップ、振り返りを短いサイクルで回しています。

6) 変革人材（チェンジエージェント）養成合宿

企業、地域、団体などで変革を起こそうと思う人が一堂に会し、これまでの考え方や取り組みを再構築するオープン参加の研修です。そのエネルギーが共鳴し合って、活気あふれる研修となりました。

7) どん底から立ち直る研修

第3セクターから民間経営へと、働く人たちの意識を転換するための連続研修プログラムです。ファシリテーションの技法をふんだんに使い、意識転換とスキルアップの両方を狙います。

図表6-01｜研修の様子

1 新入社員教育での業務紹介

- ●タイトル　　　　営業・マーケティング本部の業務紹介
　　　　　　　　　　～モノを売るって、こんなに面白い!?
- ●時間／場所　　　4月10日（金）13:00～14:50　本社大会議室
- ●対象／人数　　　M社　新入社員　約40人
- ●ファシリテーター　社内講師（営業企画課長）

●背景と目的

　M社では毎年、新入社員に対して本社で約1カ月の教育をおこなったあとに、販売実習と工場実習に送り出しています。教育内容は、会社の基礎知識や業務内容を教えるものと、ビジネスパーソンとしての基礎的なスキルを教えるものに大きく分かれます。前者は主に社内講師が交代で1コマずつ担当し、後者は研修会社に委託しています。

　ところが、社内講師は業務内容に精通しているものの、必ずしも教えることが得意ではありません。どうしても一方的な講義が中心となり、丸一日聞かされる身にとってはかなりつらい日々を送ることになります。しかも、営業・マーケティング本部の業務紹介に充てられた時間は、週末の午後一番。1週間の研修の疲れもあり、眠さが最高潮に達する最悪の時間です。

　そこで、このパートの担当者は、人事部とも相談をして、参加型で研修を進めることにしました。新入社員の頭と心に少しでも残る研修にしようと考えたのです。

●プログラムづくりのポイント

　いきなり「そもそもマーケティングとは……」という話をしても、新入社員にとっては雲をつかむような話です。まずは、「物を売ったり買ったりする体験」を引き出すところから研修を始めることにしました。自分の身近なところに引きつけて、興味を持ってもらおうという作戦です。

　講義は、単調にならないよう、パワーポイントを使って説明するだけではなく、営業マンの1日を撮影したビデオを見せて、リアルに感じてもらえるよう工夫をしました。さらに、5択クイズを使って、本日得た知識を復習するとともに、さらに営業やマーケティングについて、自分の頭で考えてもらうことにしました。

　実は、このような凝った研修をするにはもう1つ目的があり、この研修そのものが顧客（＝参加者）視点でマーケティングされていることを伝えたかったのです。それを最後のクロージングで意図開きをする仕掛けになっています。

● 研修プログラム

	時間	狙い／課題	活動内容	場／準備
1	13：00 (5分)	オープニング	・本日のゴールとプロセス ・参加者チェック（手挙げアンケート）	スクール型
2	13：05 (15分)	体験を引き出す	・バズセッション 　「売って（買って）嬉しかった経験」	横の人と
3	13：20 (50分)	営業・マーケティング 本部の業務紹介	・講義：営業＆マーケティングの役割 ・講義：営業・マーケ本部の業務紹介 ・ビデオ：営業の1日（ドラマ風に）	パワーポイント 資料配布 ビデオ
4	14：10 (30分)	知識を確認する	・営業クイズ（5択×10問） 　「営業の常識クイズ」 ・1人で考える→4人で見せ合う ・解答＆解説→会場を巻き込んで	クイズシート
5	14：40 (10分)	クロージング	・まとめ／Q&A／意図開き ・バズで軽く振り返り	横の人と

● 研修の様子

　一見すると、普通の講義スタイルの研修と変わらないように見えますが、随所に参加型の仕掛けが盛り込まれ、対話と笑い声が絶えない研修となりました。

　近くに座った数人で考えるエクササイズも入れて、新入社員同士の仲間づくりを支援しています。ちょっとした工夫で、退屈な研修も活気ある学びの場になるのです。

● 参加者の声

　事後のレポートで、「営業・マーケティング本部の研修が一番面白かった」「ぜひ、マーケティングの仕事がしてみたい」「言葉としては知っていたが、マーケティングの意味するところがよく分かった」という声がたくさん寄せられました。新入社員にとって、とても印象深い研修になったようです。

※本事例は堀公俊の研修をもとに作成しました。

2 組織を強くする研修

- ●タイトル　　　　　チームの問題解決力を高める
  　　　　　　　　　「組織開発研修」(パート2)
- ●時間／場所　　　 9月25日(金)15:00～18:00　南棟　第3会議室
- ●対象／人数　　　 H社　サービス企画室20人
- ●ファシリテーター　社内講師(担当係長)

●背景と目的

　サービス企画室は、顧客サービスの改善を目的として1年前につくられました。ところが、営業、情報システム、品質管理の3つの部門からメンバーが集められたせいもあり、今なおチームとしてのまとまりがありません。

　以前、組織ができたときに、体験学習をベースにした1泊2日のチーム・ビルディング研修をやって、サービス企画室のビジョンもつくりました。ところが研修での盛り上がりは一過性に終わり、組織のムードは大きくは変わりませんでした。それどころか最近、役割の固定化が進み、ますます互いの関係が疎遠になってきました。

　そこで今回は、室長の意向を受け、出来合いの研修を受けるのではなく、自分たちで問題解決の手法を学びながら、チームを強くする研修をやってみることにしました。ファシリテーターは、最近この分野を個人的に勉強している若手の係長です。

●プログラムづくりのポイント

　前回の反省を踏まえ、今回は単にチームの絆を強くするだけではなく、具体的な行動変化に結びつく研修を考えました。着目したのは、最近注目を浴びている「ポジティブアプローチ」です。問題の原因を取り除くのではなく、強みに着目をして、理想像に結びつく一歩を踏み出そうというものです。その手法を学びながら、具体的な行動計画をつくってしまおうというのが狙いです。

　研修は、仕事を早めに切り上げて、週末に職場でおこなうことにしました。そのため、アイスブレイクや研修ゲームのような、お遊び的な要素はなじまないと思い、グループ討議を中心で組み立てています。現状分析→課題出し→解決策を考えるというオーソドックスな流れですが、そこにポジティブアプローチの手法を組み合わせています。

　大切なのは単に問題を解決する方策を生み出すだけではなく、そのための協力関係を築くことです。自分が何をするか、相手に何ができるか、相手から何をしてほしいか、そこを徹底的に話し合ってもらいました。

●研修プログラム

	時間	狙い／課題	活動内容	場／準備
1	15：00 （10分）	オープニング	・本日のゴールとプロセス ・チェックイン：good&new	サークル型
2	15：10 （30分）	チームを振り返る	・組織活性度チェック ・グループ討議：やってどう思った？	チェックシート アイランド型
3	15：40 （40分）	チームの問題点を見つけ出す	・講義：問題解決手法のイロハ ・グループ討議：どこが問題か？ 　→重要課題を抽出する	パワーポイント 付箋 模造紙
4	16：20 （70分）	みんなで取り組めることを探す	・グループ討議：4つの窓 「どうありたいか？」 「今どんな取り組みをしているか？」 「さらに何ができるか？」 「明日から何をやるか？」 ・グループ発表	議論の手引き 付箋 模造紙 カラーペン
5	17：30 （30分）	クロージング	・振り返り、チェックアウト ・室長からのメッセージ	サークル型

●研修の様子

研修のメインとなるグループ討議（4つの窓）の様子です。うまくポジティブなムードになれたグループは予想外のアイデアがポンポンと飛び出し、互いの協力関係が芽生えてきます。ファシリテーターのムードづくりの技が大切であることをあらためて痛感させられました。

●主催者の声

特にアンケートは取っていなかったのですが、終了後の飲み会には珍しくほぼ全員が参加して、遅くまで熱い議論を続けていました。こんなことは今までに一度もありませんでした。研修で生まれたエネルギーと関係性が、実際の業務の中でも持続することが期待できます。

※本事例は堀公俊の研修をもとに作成しました。

3 福祉教育・ボランティア教育研修

- タイトル　　　　子どもにボランティアをどう伝えるか
　　　　　　　　　～伝えることからはじまる福祉教育・ボランティア学習～
- 時間／場所　　　3月3日(土)13:00～17:00　Y市福祉保健研修交流センター
- 対象／人数　　　NPO法人研究集会参加者33人
- ファシリテーター　外部講師(学校教育を専門とする大学教授)

●背景と目的

　学校の先生やボランティアを支援する人たちが、総合的な学習の時間などで、子どもたちに「ボランティア」について伝える機会は増えてきています。そんなとき、自分なりに説明はしたけれど、うまく伝わっているのかな、と不安になることがあります。子どもにボランティアを伝えるとき、どのような言葉を使って、どのように伝えればよいのか、悩むことがよくあります。

　そこで、ボランティアの世界に足を踏み入れる子どもたちに対して、その面白さ、楽しさ、厳しさをどのように伝えるのか、伝えるときの工夫はどのようなものがあるのかを考える研修を企画しました。

　参加者は、ボランティアについて詳しいコーディネーターと、子どもに伝えるプロである学校の先生です。両者の協働作業（全参加者による実演と相互評価）を通じて、効果的な伝達方法とその意義について学び合いました。なお、この研修では「子ども」とは小・中・高校生のことを指しています。

●プログラムづくりのポイント

　プログラムとしては、
　①情報交換（日頃どのようにボランティアを子どもに伝えているか）、
　②ミニ講義（伝える際のポイントと効果的な技法）、
　③ワークショップ（実演：グループに分かれて全員5～7分で模擬伝達）
　という流れを重視しました。それによって、参加動機の確認から協働作業へスムーズに移行できるよう配慮しました。

　グループ分けは、参加者の分野が偏らないように（異業種になるように）構成し、各グループに学校の先生が必ず入るようにもしました。ちなみに、参加者は33人（社会福祉15人、学校関係6人、中間支援6人、社会教育3人、その他3人）でした。

　参加者全員が表現するワークショップであるため、特に「場の雰囲気づくり」に留意したファシリテーションを心がけました。

●研修プログラム

	時間	狙い／課題	活動内容	場／準備
1	13:00 （15分）	オープニング	・流れ（ゴールとプロセス）の説明 ・アイスブレイク（手遊びレク） ・グループ内での自己紹介	アイランド型
2	13:15 （20分）	課題を共有する	・情報交換（1人5分） 「日頃どのように伝えているか」 「その際に課題か悩みはあるか」	各グループで
3	13:35 （40分）	ワークへのやる気を高める	・講義： 「伝える際のポイントと効果的な技法」 ・参加者の受講動機の紹介 ・外国の事例紹介	パワーポイント 資料配布
			（休　憩）	
4	14:30 （100分）	伝え方を学ぶワークショップ	・インストラクション ・ロールプレイ 　子どもに伝える実演（10分）、 　相互評価（5分）×4人 　→評価は本人の自己評価、感想、改善点、他のメンバーの感じたことなどについて話し合う ・言葉にまとめる 　→よかったと思う表現方法や小道具などをいくつか抽出し、A4用紙に記入	各グループのロールをみんなで見る形に A4用紙
			（休　憩）	
5	16:25 （20分）	発表と振り返り	・グループ発表（各グループ2分） ・他グループの発表を聞きながら、自分たちの成果と比較しつつ、分かち合う	発表者をみんなで囲む 模造紙
6	16:45 （15分）	クロージング	・ファシリテーターからのコメント ・チェックアウト	

●研修の様子

　日頃から子どもたちに話をしている学校の先生の表現内容・方法のうまさに「さすが」と声があがっていました。逆にボランティアのことについて詳しいコーディネーターの言い回しに対して、学校の先生たちが「なるほど」とうなずいている姿が印象的でした。このような、両者の協働による学びの機会は意外に少ないものです。

　各グループからの発表内容としては、「ボランティアという言葉をあえて使わない」「自分で決めて人のために時間を使う」「自分も相手もうれしくなる活動」などが、良い表現として挙がりました。「言葉の言い換えも効果的ではないか」との発表もありました。

　また、「自分の子どものころの体験談を話すと効果的」「同じ世代の子どもがおこなった事例を紹介しながら子どもたちに質問しながら進める」といった伝達内容の工夫について発表したグループもありました

　最後にファシリテーターから、生徒役としての「聞き役」もグループとして実は大事な役割であること、このワークショップは「福祉等のプロ（ボランティアコーディネーター）」と「伝えるプロ（教員）」の協働作業であり、これを実践していくことが大切であることなどを伝えて研修を終えました。

●参加者の声
　参加者アンケートには、次のようなものがありました。これらの反応からも、この研修がファシリテーションにより学校の先生と市民の「双方向の学び」を促進した実践だったことが分かります。

- 個性豊かなグループで、自身の勉強になりました。
- たくさん「ことば」を教わりました。
- 伝達することの大切さが分かりました。
- 「子どもたちへの伝え方」をより深く考えたいので来年もこのテーマを取り上げていただきたい。
- 教育関係の分科会は少なかったのでとても参考になった。ぜひ続けていただきたい。
- 自分の話し方について貴重なご意見をいただき参考になった。
- 日常業務での小学生への伝え方に不足していた点、表現を見つけることができた。また、教育現場の声も聞くことができた。
- 資料を含めて教育のプロの手法に触れることができたことは何よりの学びだった。長沼先生が実際に現場で教えられているところを見たい!!聞きたい!!学びたい!!
- ワークショップの人数が少なく、いろんな話ができてよかった。模擬伝達をすることで具体的に他の人のやり方が分かった。
- やっぱり実践が一番！　たいへんだったけど、他の人の話も聞くことができてとても勉強になった。

※本事例は、長沼豊氏の研修をもとに作成しました。

4 合宿形式のコンプライアンス研修

- タイトル　　　　オフサイトミーティング
　　　　　　　　　〜職場風土を変えるためのコンプライアンス研修
- 時間／場所　　　4月19日(木)13:00〜22:00／20日(金)9:00〜12:00
- 対象／人数　　　出先機関の副所長クラス　48人
- ファシリテーター　外部講師(人事部門経験のあるワークショップの専門家)

●背景と目的

某行政機関において職員の不祥事が相次いだため、組織内の綱紀粛正を狙って、出先機関の副所長クラス(出先の事務方トップ)を対象に、コンプライアンス研修を合宿形式でおこなうことになりました。

当初は問題解決的なアプローチも志向しましたが、結果として、いかに「個人」として心に感じてもらい、組織の過去の慣習を拭い捨てられるかに焦点をあてました。

●プログラムづくりのポイント

ファシリテーターは2日間の合宿研修の初日には立ち会えず、2日目の朝に合流せざるをえないスケジュールとなったため、初日は主催した事務局メンバーがその進行をおこないました。1日目のプログラムは以下のようなものでした。

〈1日目〉

	時間	狙い／課題	活動内容	場／準備
1	13:00 (30分)	オープニング	・オリエンテーション ・問題提起のプレゼンテーション	アイランド型
2	13:30 (150分)	職場の状況を共有する	・全体でチェックイン(自己紹介) ・オフサイトミーティング	紹介は席から
3	16:00 (90分)	職場の問題点を洗い出す	・班別討議 　付箋に書き出し、グルーピングする	付箋・模造紙
			(夕　食)	
4	18:30 (90分)	課題解決策を検討する	・班別討議 　出た課題の対策を模造紙にまとめる	模造紙
5	20:00 (120分)	懇親も兼ねての情報交換	・クロージング ・自由討議	車座になってざっくばらんに

2日目朝の会場到着後、朝食を共にしながらのミーティングでのスタッフの話がとても役立ちました。そこで1日目の参加者の様子を詳しく伺うことができ、

2日目の研修に臨むにあたっての場の課題が見えてきました。

特に、「副所長という肩書きをまだ背負っていて、その立場で話をしている感じがする」「グループ内で暗黙の了解が流れているように思う」というスタッフの感想と、夜の懇親の場で参加者から「古き良き時代」という発言が結構あった、ということが気になりました。そこで、これらの気になるポイントに対して対応すべく、当初予定していたプログラムを切り替え、作戦を練り直すことにしました。

切り替えたポイントは次の通りです。

①個人としての素に戻らせるように意識づけの設定をする
　オープニングの中で、ファシリテーターからのホンネのお願いとしてお互いが「素」になることを参加者に呼びかけ、肩書きで呼び合うことをさらに禁じ「さん付け」にすることをグランドルールとしました。ワークにおいては、その話題や課題をより「パーソナルなもの」に徹底して絞ることにしました。

②「グループ」という小さなコミュニティをあえて分断し「個人」として考えさせる
　参加者同士が変につるんで予定調和しないように、今回はあえてワークは主として個人ワークとペアワークまでの展開としました。そして、グループ作業を最小限にし、グループ発表はおこなわず、代わりに個人としてフリーに発言できるようにしました。

③昔を懐かしむ感情を逆手に取る
　社会人経験よりもっと昔、自分が子どもの頃の「親からのしつけ」を話題の中心とし、人としてのコンプライアンスの共通原点（普遍性）を考えてもらうようにしました。実は、その原点は一番身近な身内にあり、誰から言われた言葉なら社会的地位のある年代の人も素直に聴くことができるかを考え、省察するプロセスを重視しました。

　このような作戦を開始前に立てた上で、参加者の1日目の討議内容の発表に臨みました。すると、参加者の悩みとして「コミュニケーション」が浮かび上がってきました。そこで、プログラムにちょっとしたコミュニケーションスキルの「体感」を織り交ぜて参加者に「お土産」をつくろうと考え始めました。再度プログラムを組み立て直す時間をつくるため、発表後に休憩を入れて、いよいよ本番です。

④部下やメンバーとのコミュニケーションを図るポイントを体感する
　ペアワークの中で傾聴を体感するようにし、そこに振り返りと共有の時間を十分に入れて、そこで起こったことを相互に気づかせるようにしました。また、質疑の時間を長めに入れて進行役や参加者同士の双方向性も出すようにしました。

●研修プログラム

〈2日目・当初案〉

	時間	狙い／課題	活動内容	場／準備
1	9:00 (10分)	オープニング	・オリエンテーション ・1日目の振り返り	アイランド型
2	9:10 (50分)	前日の討議内容の発表	・ファシリテーターの自己紹介 ・グループ発表（各グループ5分×8）	
3	10:00 (60分)	解決策の目指す姿をつくる	・グループワーク① 　課題解決策の中から職場で取り組めそうなものをランキングする ・グループワーク②（タイムマシン法） 　取り出した解決策の1年後、半年後の目指す状態を模造紙に書き出す	シール 模造紙
			（休　憩）	
4	11:10 (30分)	アクションプランをつくる	・グループワーク③ 　今から3カ月後には何に着手すべきかのアクションプランをつくる	模造紙
5	11:40 (15分)	分かち合いと振り返り	・バザールで内容を見て回る ・各グループからコメントをもらう	
6	11:55 (5分)	クロージング	・ファシリテーターからのコメント	

●研修の様子

1日目の堅苦しかった雰囲気も、2日目の作戦を練り直すことで活気ある研修になりました。

〈2日目・実際〉

	時間	狙い／課題	活動内容	場／準備
1	9:00 (10分)	オープニング	・オリエンテーション・1日目の振り返り	アイランド型
2	9:10 (50分)	前日の討議内容の発表	・ファシリテーターの自己紹介 ・グループ発表(各グループ5分×8)	
	(休憩)→プログラムの組み立て直し			
3	10:10 (10分)	参加者の気持ちの切り替え	・発表に対するコメント ・グランドルールの説明	
4	10:20 (50分)	個人体験から振り返る	・親からしつけられたことで対話する 　→振り返り〜ペアワーク〜振り返り ・「おもしろい」「あたりまえ」のエピソードをグループ内で選んで全体共有	付箋
5	11:10 (25分)	これからの自分を考える	・付箋に「Will/Can/Must」を書き出す 　→個人ワーク〜グループ共有 ・バザールで全体共有	付箋 模造紙
6	11:35 (20分)	自分自身への落とし込み	・チェックアウト(漢字1文字) ・全体での質疑応答、コメント披露	付箋
7	11:55 (5分)	クロージング	・ファシリテーターからのコメント	

●参加者と主催者の声

〈参加者〉
- 親からあたりまえに言われていたことができていないことに気づきました。
- コンプライアンスは身近な常識の積み上げだということがよく分かりました。
- 職場内のコミュニケーションの充実で防げることがありそうな気がしました。

〈主催者〉
- 初日の夜、何人かの酔っぱらった参加者に、「研修なんて従来型をやってお茶を濁せばお互い楽なのに、なんでこんな面倒な手法をとるんだ」と"からまれた"が、その人たちが、最後のワークの中で「オフサイトミーティングを事務所でやってみる」と書いていたのには、思わずうれし泣きしそうになりました。

※本事例は、加留部貴行の研修をもとに作成しました。

5 女性社員の意欲を引き出す研修

- ●タイトル　　　　女性社員のチャレンジの意欲を引き出す
　　　　　　　　　ダイバーシティ推進における女性社員サポート研修
- ●時間／場所　　　10月25日(水)〜27日(金) 10:00〜17:00
- ●対象／人数　　　H社　入社10〜20年の社員　20人
- ●ファシリテーター　外部講師(ワークライフバランスの専門家)

●背景と目的

　それぞれの人材の持つ違い（多様性）を尊重し、競争優位につなげる「ダイバーシティ戦略・ダイバーシティ＆インクルージョン」に関する取り組みが、日本でも一般化してきています。この組織では約1年前から、女性をはじめ多様な人材の活躍を実現するための制度を整えたり、広い層に向けて啓発活動や講演会をおこなったりしてきました。しかし一方で、その主体である女性社員の間には、この取り組みに関しての温度差が広がっている状態でした。

　今回の研修では、組織における期待や責任を果たしながらも、自らもさらに充実感を感じ仕事に取り組める状況を獲得することを共通ゴールとしました。あわせて、過去のキャリアを俯瞰し、自分なりの成長の方向性を確認する機会と位置づけました。

　同時に、日々の業務で必要な「セルフマネジメント」「対人能力」のスキルや、充実した働き方のヒントとなる「ワークライフバランス」をテーマとして盛り込みました。意欲の向上だけでなく、日々の仕事の質と効率を向上させる具体的なスキルや智恵を醸成し、研修後の主体的な行動を引き出すことを目指したのです。

　対象層は入社10〜20年の社員です。主任・係長へ昇進することが期待されているものの、上昇志向を持つ受講者は一握りで、多数はスローキャリア志向です。

●プログラムづくりのポイント

①安全・安心な場づくりを心がける

　横並び意識から生じるピアプレッシャー（同僚への遠慮から積極的な言動を取りたくても取れない状態）に配慮し、互いの成長を支援し合う「安全な学びの場づくり」をグランドルールとして掲げました。研修を相互支援・相互学習の場と位置づけ、職場では言えないつぶやきや不安も共有できる場を目指します。研修後もこの関係性が社内のネットワーキングのベースとなり、互いが支援し合うことを期待しました。

②多様なキャリア志向に配慮する

　組織に貢献する責任は共通しているものの、キャリアへの意識や成長の速度に

は多様性が存在します。人との比較をいったん保留し、自らのライフステージの課題と組織からの期待や担う役割の双方を見つめます。組織に貢献しながらイキイキと仕事に取り組む未来の自分像(ゴール)と、具体的なアクションを描くことを支援していきます。

③「成長したい」「活かしたい！」という心の声と対話する

　人は自らの成長や自らの能力を活かすことに喜びを感じます。「成長したい」「自分をもっと活かしたい」という心の声に気づき、それぞれのかけがえのない「はじめの一歩」を支援します。ファシリテーターの激励だけでは行動は持続しません。

④キャリアを支えるスキルと智恵を獲得する

　キャリアを考え、それに対し前向きな姿勢を持つことは、成長の必要条件ですが、それだけは十分ではありません。日々の仕事の質と効率を高める新たなスキルや智恵の獲得も必要です。特に難しいと思われがちなテーマは、実習やワークショップを交え、「なるほど納得！」「これならやれそう」という気づきをデザインしました。

● 研修の様子

研修の全体像です。
安全な場づくりを心がけるようにしました

ワークシートを使い、
時間の使い方を考えます

ワークライフバランス・スケールで
時間の使い方を考えます

先輩社員とのワークショップで
対話がヒートアップ！

●研修プログラム

〈1日目〉キャリアを開発する

	時間	狙い／課題	活動内容	場／準備
1	11:15 (45分)	オープニング	・オリエンテーション ・アイスブレイク：互いを知る ・個人検討：キャリアを考える理由	アイランド型
	(休憩60分)			
2	13:00 (105分)	キャリアの変遷を振り返る	・個人検討：キャリアを考える理由 ・ペアワークで共有 ・グループ討議：停滞期を解決した行動 ・共有と意図開き	ワークシート ペア グループ
	(小休止15分)			
3	15:00 (120分)	キャリアを育てるヒントを探す	・個人→ペアワーク：アンカーチェック ・解説：自分を活かすキーワードを知る ・3人ワーク：キャリアヒストリー ・共有と解説：関係性で育つキャリア ・講義：組織の成長と私の成長 ・グループ：感想の共有とチェックアウト	ワークシート ペア トリオ ペア

〈2日目〉ワークライフバランスと仕事の生産性

	時間	狙い／課題	活動内容	場／準備
1	10:00 (20分)	オープニング	・オリエンテーション ・チェックイン	アイランド型
2	10:20 (100分)	ワークライフバランスを学ぶ	・講義：ワークライフバランス ・個人検討：バランスチェック 　→課題の特定	ワークシート
	(休憩60分)			
3	13:00 (120分)	ワークとライフの充実に向けて	・講義：仕事の管理とタイムマネジメント ・体験ゲーム：ペーパータワー ・ゲームの振り返り 「目標・時間管理・チーム」 ・ミニ講義 「仕事・私生活を充実させるために」	ワークシート 大量の紙 カラー付箋
	(小休止15分)			
4	15:15 (105分)	先輩社員との意見交換	・意見交換ワークショップ ・分かち合い ・チェックアウト	椅子を集めて

予想以上に研修当初は重苦しい空気。希望者を募ったというものの、上司に推薦されしぶしぶ参加しているような受講者も目立ちます。特にスタート時は、自分のキャリアや今後の働き方について、やや否定的な意見も見られます。「安全な場」づくりを呼びかけました。

キャリアを振り返るコーナーでは、自分と仕事の関係性を真摯に考える様子が目立ちました。自分のキャリアを振り返っての感想を共有する午後からのワークは、いくら時間があっても足りない様子。クッションタイムを使って発散時間を延長しました。キャリアの志向は違っても、「仕事を充実させたい！」と思うのは共通の様子でした。

これまでのキャリアの歩みを学びに変えるための発問を数種準備し、過去の自分やメンバーの実体験から、キャリアを育て、充実させるためのコツ（キャリア発達要因）を探ります。共有と意図開きでは、ペアやグループ内で話された話題、発問の意図、キャリア開発理論を結びつけて解説しました。

自己の経験をもとにした学びに加え、その他のキャリア発達の要因を理解し、活用・実践していくために、短い時間のワーク（ペアセッション・ワークシートなど）と解説を交互におこないます。ポイントのみをレクチャーすることも可能ですが、ワークを実施し、それぞれのテーマを自分に引き寄せて考える（パーソナライズする）ことにより、より深い理解と研修後の行動につなげる意欲を喚起します。

ワークライフバランスの実現を切り口に、業務遂行能力や私生活と仕事のシナジーについて考えるセクションです。まずは、参加者全員でワークライフバランス度を10段階で評価しました。これが我が社の女性社員のワークライフバランス自己評価です。意外に高いことに驚きの声が上がりました。

ワークシートを用い、私生活における自分の役割や課題とその葛藤を考えます。結果をペアで共有し、実現のための方策をイメージします。2日目なので関係の質も上がり、忌憚ない対話が見られました。

仕事のマネジメントに関するレクチャーは空中戦になりがちです。ペーパータワーのワークを用いて日頃の仕事の管理・進め方のクセを棚卸ししました。ゴールからの逆算思考、PDCAのサイクル、チームワーク、リーダーシップについてじっくりと振り返ります。

ある1日の時間の使い方を「見える化」してチェックします。もっと上手に時間を使い、仕事の生産性を高める糸口はないか、みんなで意見を交し合いました。自ら考えた答えだからこそ、行動につながります。

組織での役割を果たしつつ、個人として充実感を感じる働き方をより具体的にイメージできるよう先輩社員（主任・係長）とのワークショップを実施しました。恐る恐るの第一声から徐々に対話がヒートアップ！　振り返りで参加者の1人から「これまでキャリアに前向きになれなかったのは、自分の思い込みかも？　まず行動するという選択を捨てていた」という発言がありました。

〈3日目〉役割の拡大を目指す（一歩踏み出すためのスキルを補完する）

	時間	狙い／課題	活動内容	場／準備
1	10：00 (20分)	オープニング	・オリエンテーション ・チェックイン	アイランド型
2	10：20 (130分)	対人能力の向上①	・ミニ講義：「対人影響力を高めるために」 ・演習：観るスキル・2つの聴くスキル・ 　　　　論理的に伝えるスキル　ほか	ワークシート ペア、トリオ 5人グループ
			（休憩60分）	
2	13：30 (90分)	対人能力の向上②	・ミニ講義＆ダイアローグ： 　「私にも発揮できる？　リーダーシップ」	チェックシート
			（小休止15分）	
3	15：15 (105分)	キャリアプランの作成と共有	・個人検討：キャリアプラン作成 ・共有 ・チェックアウト：私のお土産	ワークシート

● **参加者の声**

　下記は参加者のアンケートの抜粋です。これらのコメントから研修が所期の目的を達成したことが伺えます。

- 話すことが多い研修だった。まったく知らない人と話しながら、自分の抱えている課題や悩みは自分だけの課題ではないことに気づけた。
- とても役に立つ研修で、上司も含めて、職場全体へ伝達したいと思います。
- 自分自身の生き方を考えさせられたような気がします。いろんな不安はおいておいて、前向きに頑張っていこうと思います。
- 自分の中で自信のなかった部分、欠けていた部分が分かったため、それを改善し、モチベーションを高めようと思う。
- 「ワークライフバランス」について"ワーク""ライフ"どちらも充実しないと人生が充実しないと思い直し、"ワーク"についてもう少しエネルギーを注ごうと思った。
- 自分の棚卸しをし、個人の成長（キャリアアップ）と組織への貢献とがつながっていることや、自己充実感を感じることとの関係性が理解できた。

※本事例は、高見真智子氏の研修をもとに作成しました。

個人→ペア→トリオ→5人グループとグループサイズを変化させながら、対人能力に関するエクササイズを実施しました。2日を通し、互いの成長を支援する関係が育ったようでした。ファシリテーターの問いに、自然と手を挙げ発言する参加者が目立ちました。

身近な事例をもとに、平素のコミュニケーション・スタイルを振り返り、シンプルに過不足なく伝えるポイントを学びます。

なりたい自分像をキャリアプランにまとめて、共有します。子育てや介護などの個人的な課題を抱える参加者も多いものの、それぞれの"一生懸命"を自分なりの行動計画に落とし込んで、共有しました。

Column 5　参加者をしゃべらせてナンボ

　最近、研修が時間内に終わらないことが増え、その原因を分析してみたところ、自分がしゃべる時間が増えてきていることに気がつきました。ウ〜ム、歳をとって、語りが長くなってきたということなのか……？

　ファシリテーターとインストラクターを区別する1つの目安は、研修の中でどれだけ研修講師が話をしたかです。参加型研修は、参加者に話をしてもらってこそ意味があります。ファシリテーターが講義や解説をすればするほど、場を支配してしまい、主体性も相互作用も引き出せなくなります。

　あらかじめ研修を組み立てるときは、講義、ワークショップ、振り返りのそれぞれで、どれくらい自分が話をすることになるか、おおよそ見積もっておきましょう。それが研修時間の50%を超えるようなら、ファシリテーターとはいえません（業界では仕切りテーターと呼びます）。

　インストラクターは話し上手でおしゃべりのほうが向いているかもしれませんが、ファシリテーターはまったくその逆。聞き上手、乗せ上手、引き出し上手でないといけません。筆者のように、ついつい話が長くなってしまう人は注意するようにしましょう。

6 変革人材（チェンジエージェント）養成合宿

- タイトル　　　　真夏の変革ファシリテーター道場
　　　　　　　　　〜黒いダイヤに火をつけろ！〜
- 時間／場所　　　7月3日（土）〜4日（日）　独立行政法人研修室、公民館和室
- 対象／人数　　　NPO法人会員　約50人
- ファシリテーター　外部講師（組織開発コンサルタントや変革経験者など3人）

●背景と目的

　企業、地域、団体などで変革を起こそうという思いを秘める面々が全国から一堂に会し、互いの知恵を耕し、自らの壁を打ち破り、これまでの考え方や取り組みを再構築するためのオープン参加の研修です。

　単に小手先のスキルを学ぶ場ではなく、内側でくすぶっているマインドに火をつける場と位置づけました。そこで出会った仲間と一緒に、新たな変革の火を灯すことにチャレンジするところまで持っていきたいと考えたのです。

　実際に変革の現場で活動する熟達者の経験と知恵と個性を投入して、変革におけるファシリテーターの役割や変革プロセスのつくり方を一緒に考えていきます。「これならいけそう！」と感じて新たな行動を起こすための作戦や気持ちを持って帰ってもらうことをゴールにしました。

●プログラムづくりのポイント

　まずは、告知文で上記の趣旨をはっきりとうたい、変革に向けてのミッション、パッション、エナジー、行動力のある方の参加を促すと同時に、研修へのモチベーションを事前に高めておきました。会場として、今現在、時代の荒波の中で変革に苦しんでいる街を選び、場の力も借りて研修を盛り上げました。

　プログラムは典型的なRLW型です。それに、互いの関係をつくり、内なる資源を引き出し、互いにぶつけ合って1つの形にまとめて分かち合うという、起承転結型のワークショップ手法を組み合わせています。ただ、それだけでは新たな視点が得られないので、熟達者の知恵をインプットすることで、揺らぎを与えるようにしました。

　また、頭（理屈）だけではなく、演劇の手法を用いることで、右脳と左脳の両方を使って変革の本質について考えてもらうことにしました。さらに、1セッションが終わるごとに個人の振り返り時間をとり、それを最後にまとめて振り返るという仕掛けを入れて、やりっぱなしにならないような工夫をしています。

●研修プログラム

〈1日目〉変革の本質を見つけ出す

	時間	狙い／課題	活動内容	場／準備
1	13:00 (10分)	オープニング	・オリエンテーション 　→狙い、流れ、グランドルールなど	アイランド型 掲示物
2	13:10 (110分)	内なる自分と向き合う	・ペアインタビュー：私の変革物語 　(30分×2セット、好きな場所で) ・6人になり他己紹介でシェアリング ・KPTを使って個人で振り返り→回収	ペア インタビューシート KPTシート
3	15:00 (120分)	3人の熟達者の知恵を学ぶ	・講義①：社会変革が起こるストーリー ・講義②：変革の理論とポイント ・質疑応答&フリーディスカッション ・講義③：私流・変革の流儀 ・KPTを使って個人で振り返り→回収	アイランド型 パワーポイント レジュメ KPTシート
4	17:00 (120分)	大切なことを表現する	・ダイアログ 　「変革に本当に必要なことは何？」 ・グループ替え 　→個人でキーワードを書き出し、類似性 　が高い人で新グループをつくる ・ミニ講義：物語のつくり方 ・演劇創作：変革に必要なことを表現	模造紙 A4用紙 説明資料 段ボール 布 部屋に分かれて作業する
	(夕食&懇親会→演劇の相談禁止)			
4	21:00〜	(続き)	・明日までに準備を完了させる	各部屋で

〈2日目〉明日から行動できるようにする

	時間	狙い／課題	活動内容	場／準備
1	8:30 (150分)	(続き)	・発声練習 ・グループごとに演劇の発表 　(発表8分、フィードバック4分)	シアター型 舞台づくり 掲示物・音楽
2	11:00 (30分)	振り返り	・演劇の振り返り ・KPTを使って個人で振り返り	アイランド型 KPTシート
	(公民館の和室大広間に移動、昼食)			
3	12:30 (60分)	クロージング	・KPTシートを返却し、見比べて内省 ・バズ：気づきの分かち合い×2セット ・全員で研修全体の振り返り	個人 トリオ サークル型

●研修の様子

ペアインタビュー

最初に自分の経験を思い起こしてもらいます。インタビューシートを用意して1人30分ずつ、思い思いの場所に分かれて語り合ってもらいました。泊まりがけの研修でないとこんな贅沢な時間は持てません。語り合ううちに自分や相手の意外な面が見えてきます。

KPT

1つのセッションが終わるたびに、KPTシートを配布して、その段階で感じたことや気づいたことを書いてもらいました。シートはいったん主催者側で預かって、最後の振り返り時に返却して見比べてもらいます。心の変化を追いかけようというのが狙いです。

レクチャー

3人の講師が、自分の体験を交えてテーマについて熱く語りました。単調にならないよう、ビデオを上映したり、途中に軽いディスカッションをはさんだり、紙芝居を使ったり、3人3様の工夫をしています。最後までみな熱心に講義に聴き入っていました。

ダイアログ

ここまでのセッションで得たものを素材にして、グループに分かれてのダイアログです。机の上に模造紙を広げて全員で落書きをしながら進めることで、意見の共有やつながりの発見を促進します。その後、似たような言葉が心に残った者同士で、グループを組み直してもらいました。

今回は研修施設を一棟まるごと借り切っているので、グループごとに小部屋に分かれて演劇のテーマやシナリオを検討しました。どのグループも何を表現するのか、演劇のコンセプトづくりに頭を悩まし、深夜まで熱い議論が繰り広げられていました。

演劇制作中

　1グループ8分で演劇を上演していきました。とても一晩でつくったとは思えない、リアルな物語が次から次へと飛び出してきます。笑いあり、驚きあり、胸を打つセリフあり……。衣装や小道具にも凝り、甲乙つけがたい白熱した演技が繰り広げられました。

演劇上演

　演劇の熱を冷まし、静かに深く自分の中で起こったことを振り返るために、近くの公民館の和室を、研修会場とは別に借りました。その狙いは見事にあたり、しみじみとした振り返りができました。研修が終わるのが名残惜しく、時間一杯まで車座でになって語り合いました。

振り返り

● 参加者の声

　事後のメーリングリストの中では、「明日へのエネルギーを一杯もらいました」「たくさんの気づきを得て大満足です！」「変革に対する捉え方や向き合い方に幅と深みを得ることがでました」「一歩前に踏み出すキッカケがつかめました」「狭い部屋に集まって夜中まで演劇づくりをしたのが一生の思い出になりました」「自分自身に向き合えるかけがえのないときでした」「心の中に変革という火がつきました！」という声が寄せられていました。

※本事例は堀公俊、加留部貴行、加藤彰氏の研修をもとに作成しました。

第6章　実践！教育研修ファシリテーター　**211**

7 どん底から立ち直る研修

- **タイトル** 　　某ふれあい交流施設スタッフ育成ワークショップ研修
- **時間／場所** 　4月上～中旬の中の7日間　各々10:00～17:00　施設内大研修室
- **対象／人数** 　民間商業施設従業員　約60人
- **ファシリテーター** 　外部講師(マーケティング、ブランディングなど複数の専門家)

●背景と目的

　売り上げ不振の第3セクターの商業施設が民間に経営委託されることになりました。民間企業として健全経営を実現するためには従業員のやる気が大切です。ところが、開業当初から携わってきた中間管理職は「現状の従業員の意識では民間的経営は無理、全員解雇して新規採用し、一から出直すことすら視野に入れるべき」と新経営陣に直談判。そんな逆風の中で、抜本的な意識改革と接遇スキルの向上に向けて研修を立ち上げることになりました。

　もっとも重視しなければならないのは「主体性の醸成」です。民間の接客サービスに比べていったい何が足りないのか？　知らないからできないのか？　何を知ればできるか？　知っていてもできないなら、なぜできないのか？　そんなことを考える研修にしようと考えました。狙いは次の3つです。

〈人づくり〉自らの役割を強く自覚しながら、お客さまのために最速最良の動きができるプレイヤーをつくり上げる。

〈場づくり〉そこにいる人すべてが楽しく前向きに働ける職場をつくり上げる。

〈組織づくり〉持ち場を超えた連携力のある、有機的機能集団としてのチームをつくり上げる。

●プログラムづくりのポイント

　研修は2週間の期間に4ステージ・実日数7日間でおこなう長丁場です。

①研修のベースをつくるステージ（1～2日目）
　　すべての課題を洗い出し、各自の立ち位置を確認する
②企業人のベースをつくるステージ＝個の課題（3～4日目）
　　個が自分に気づき、自己改質を目指す
③現場のベースをつくるステージ＝組織の課題（5～6日目）
　　組織がチームへと、職場が楽しい場へと改質する
④アクションをつくるステージ＝アクションの課題（7日目）
　　地域への連携力・強いプレゼンス力を獲得する

特に冒頭の2日間は「キックオフ」と位置づけ、そこで洗い出された課題に対して以降の3つのステージを使って現実への立ち向かい方を模索していく全体構成にしました。この冒頭の2日間で何が摘出されるのかが、その後の研修の成否を決めます。

　プログラムについては、ある程度は予測はするものの、「落としどころ」として待ち構えたりせず、すべてを参加者のフィルターを通して組み立てるものとすることにしました。本来ならば研修する側が100%企画をする重要度の高い部分にこそファシリテーションを活用しました。

　今いったい何が起きているのか、何が始まろうとしているのか、自己と組織と状況の見つめ直しをおこないます。ここにはオープンスペース、ワールドカフェなどの手法を取り入れ、さらにはこの研修の全体がファシリテーションに基づくものであるという方向性を指し示すランウェイとしました。

　第2ステージ以降では、最終セッション2時間に、ファシリテーションによる演習と振り返りを毎回盛り込みました。研修内容の定着化をもくろむと同時に、実際に現場でファシリテーションを使いこなせる人材を育成しようという意図を込めました。

● 研修プログラム

〈1日目〉　キックオフ

	時間	狙い／課題	活動内容	場／準備
1	13：00 （160分）	互いを知る	・オリエンテーション ・バズセッション→自ら開く ・オープンスペース→互いを知る ・チェックアウト	2人→4人→8人 →16人 輪になって
2	15：40 （170分）	共に考え、未来を創る	・ワールドカフェ→共に考える ・Will/Can/Must→未来を創る	丸テーブル 模造紙 付箋
3	18：30 （90分）	交流を深める	・交流夕食会 ・漢字1文字→四字熟語	付箋

〈2日目〉関係を深める

	時刻	タイトル	内容	備考
1	10:00（120分）	互いに興味を持つ	・1日目の振り返り ・勝手に他己紹介 ・インタビューゲーム	7グループに 9グループに
	（昼　食）			
2	13:05（135分）	ファシリテーションスキルを学ぶ	・講義とグループワーク 　→対人関係のスキル、構造化のスキル、共有化のスキル	5グループに
3	15:20（100分）	創作をする	・職場ポスターのキーワード出し ・職場ポスターづくり→発表 ・2日間を通しての振り返り	模造紙

〈3日目〉「人と人」について

	時刻	タイトル	内容	備考
1	10:00（120分）	話し方を学ぶ	・講義：話し方の基本 ・発声練習、滑舌練習 ・レッスンを受けての振り返り	ポスター
	（昼　食）			
2	13:00（125分）	スピーチを学ぶ	・講義：無理しないスピーチ術 ・1分間スピーチ（全員）	壇上で
3	15:05（115分）	話し合いに活かす	・グループ演習 　→話し合いをやってみる	4グループに

〈4日目〉役割について

	時刻	タイトル	内容	備考
1	10:00（120分）	非言語メッセージを学ぶ	・講義：アサーション ・車座になって今の気分を話す ・講義：非言語コミュニケーション ・非言語コミュニケーション体験	画材
	（昼　食）			
2	13:00（65分）	リフレーミングを学ぶ	・短所を長所に置き換える演習 ・講義：感情について	周回レール
3	14:05（85分）	アサーションを体験する	・講義：適切な自己表現 ・ロールプレイ 「無理難題を断ってみる」 ・講義：I（アイ）メッセージ	4人グループ
4	15:30（90分）	ファシリテーションを深める	・講義：ファシリテーション ・話し合い演習 ・振り返り	5グループに

〈5日目〉目標について

1	10:00 (35分)	ブランディングを学ぶ	・グループ討議 　「売り上げを上げるには？」 ・講義：ブランディング	4グループに
2	10:35 (85分)	アイデアを学ぶ	・講義：アイデアの生み出し方 ・ブレーンストーミング演習	
（昼　食）				
3	13:00 (145分)	アイデアからブランディングへ	・講義：地域／施設ブランディング ・お客様の声から着想を得るグループワーク	
4	15:25 (95分)	ファシリテーションを使いこなす	・グループ討議：アイデアのシーズを使って具体的なアクションプランをつくる	4グループに

〈6日目〉接客・クレーム・マナー

1	10:00 (120分)	マナーを学ぶ	・講義：マナー ・グループ討議：マナーの5原則 ・接客演習	ペアで
（昼　食）				
2	13:00 (240分)	接客を学ぶ	・接客演習 ・講義：身だしなみ、挨拶、態度など ・振り返り	6グループに ペアで

〈7日目〉オープンに向けてのアクションづくり

1	10:00 (160分)	オリジナルマニュアルを考える	・講義：復習と変化のおさらい ・オリジナルマニュアルの項目出し ・オリジナルマニュアルの討議（前半） 　→オープンスペースのスタイルで ・オリジナルマニュアルの発表（前半）	タイトル テーブルなし
（昼　食）				
2	13:40 (170分)		・オリジナルマニュアルの討議（後半） 　→オープンスペースのスタイルで ・オリジナルマニュアルの発表（後半）	クラフト紙 ホワイトボード
3	16:30 (30分)	クロージング	・7日間を振り返るチェックアウト ・振り返り宣言	

●研修の様子

　組織はいまある能力で人を測りがちになります。いまある能力と、場が与えられたら発揮される能力は違うはずです。

●参加者の声
　主催者（新経営陣）からは以下の報告がありました。
- 研修が終わりいよいよリニューアルオープン前日となった日、かつて従業員全員の解雇を進言した中間管理職から謝罪の言葉があった。6年間もの間こんなにもやる気のある従業員たちの能力に気づけなかったことは私のほうこそ辞表に値します。
- 取引先から従業員の皆さんの対応がとても明るくなったとのお言葉をいただいた。レストランの営業時間終了後に、そこに主だった従業員が自主的に集まり車座になって話し合っているようすが印象的だった、と。

　一方、後日従業員におこなったヒアリングでは、次のような意見がありました。
- お客さんにいろんな説明をしてよろこんでもらえるのが楽しくなりました。
- 部門横断で連係プレーできるようになりました。特に厨房にホールの事情をとても理解してもらえるようになったことが大きいです。
- 売り上げが上がりましたが今度は品不足続出です。うれしい悲鳴です。
- つかえが取れたようで、「話してみる」ことの価値が分かりました。場が変わったからこそ話せてるけど、場が変わらなかったらやっぱり浮くのがいやなので話せてなかったと思う。

※本事例は、田坂逸朗氏の研修をもとに作成しました。

さらなる
高みを目指して
進化しよう!

第7章 ステップアップの手引き

1　参加者と真摯に向き合う

　参加者とのコミュニケーションを密にし、さらに良い場づくりにつなげるためにファシリテーターが心がけておくことは何でしょうか。
　ファシリテーターは、場と感性と自分を進化させていくことで、自分自身の育ち方が決まってきます。まずは、真摯に参加者と向き合うことを通じて、自分自身と向き合うことを考えてみましょう。
　ここではその方法として、質疑応答、アンケート、アフターフォローの３つを取り上げていきます。

質疑応答は旬なニーズを観測する場

　レクチャーやワークショップをしたあとに、参加者がどのくらい理解しているかを確認するためにおこなうのが質疑応答です。何が飛び出すかまったく分からず、想定外の質問もしばしば出てきます。ファシリテーターとしてはドキドキものです。
　質疑応答は、旬な参加者ニーズにリアルな形で直接触れ、これからのプログラム内容と自分を向上させてくれるチャンスです。ぜひとも嫌がらずに向き合ってほしいものです。

1）質問は参加者からの多様なサイン
　質問は、参加者の「もっと知りたい」という気持ちから生まれてきます。
　それと同時に、「内容が伝わっていない」「参加者が理解していないポイントが表出した」「説明が抜けていた」「相手を集中させる環境になかった」といったことを示しているのかもしれません。質問が出る原因を謙虚に考え、場の組

み立て方にヌケモレはなかったかを検証しましょう。

2）何を知りたいのかを上手に把握する

「知りたい」という気持ちの表れである質問は、これからのプログラムを考える上での一番の参考材料となります。

しかしながら、大勢の前では質問を出しにくい人もいます。「事前に質問をとる」「研修中に尋ねにくいときは書き出してもらう」「アンケートで質問を拾う」など、第2章で述べたような出しやすくする工夫が大切です。いろんな方法を駆使して、幅広く把握することを心がけましょう。

3）「旬」を捉えて参加者が知りたいことを伝える

また、質問内容の定点観測をしていくと内容が新たに生まれ潮目が変わる瞬間があります。質問には今のニーズの旬が見えてくるのです。

よくある質問に対してはその答えとなる要素を最初からレジュメに落とし込んでおき、その説明時間を優先的に割く工夫もできます。そうすることで参加者が欲するものを伝える"プレゼン"は最高の"プレゼント"に変わるのです。

アンケートは参加者とのコミュニケーションツール

アンケートは、参加者と主催者、そしてファシリテーターをつなぐ貴重なコミュニケーションツールです。アンケートで得られた結果は、次の場づくりの糧となる大切な道標となります。

プログラム終了直後におこなうアンケートはもっともホットな事後評価です。場を進化させる第一歩として、特に事前に気になっていた点については、しっかりと読み込むようにしましょう。

ときには、準備に追われてアンケートをつくり忘れてしまうこともあ

図表7-01 | 質疑応答の様子

ります。そんなときでも簡単に参加者の評価や感想がつかめる方法をお教えしましょう。シンプルですが、意外と的を射た結果が得られます。

1) 漢字1文字とそのココロを書いてもらう

　付箋に研修の感想を漢字1文字で表してもらい、そのココロを書き加えて出してもらいます。参加者の思いが究極に要約されており、込められた意味合いには深いものがかなり見受けられます。

2) 5点評価とその理由を書いてもらう

　同様に付箋に研修への評価を5段階の点数で表してもらい、その理由を自由コメントで一言添えて出してもらいます。問う内容が簡潔であり、点数で表されているため集計も容易です。

3) 付箋の色を変えて感想・意見を記入してもらう

　これも付箋を使います。たとえば、良かったことを青色、改善すべきことを黄色の付箋にそれぞれ記入して出してもらいます。色で良し悪しが区別でき、分類が速くできるのが利点です。

聴けなかった思いを聴き出す

　どんなに工夫しても参加者からすべての質問を拾うことはできません。アンケートを使ってホンネを引き出そうとしても、限界があります。みんなの前では言えない、アンケートにも書けない、「実は…」という話が必ずあるのです。

　そんな人たちをフォローするには、個別に直接話を聴く場を設けることが最良の方法です。食事をしたりお酒を飲みながら、といったインフォーマルな場のほうがお互いに話をしやすくなります。懇親会を設定する理由の1つにもなります。

　ただし、エチケットとして、発言に関しては「匿名にする」「言質を取らない」「内容の良し悪しを言わない」といったことに気をつけなければなりません。その人にとって安心・安全の場とすることが何よりも大切です。そして、感謝の

気持ちも忘れずに。また、せっかく聞き出したことをあとで忘れないように、記憶に頼らず記録に頼ってメモをしておきましょう。

このように、さまざまな方法を駆使して次の場づくりにつながる糧と種を拾い集めていきます。これらの努力は必ずより良いプログラムづくりにつながり、研修が進化していくことで参加者からの信頼も増してくるはずです。

Column 6　休憩時間も休めない！

　質疑応答やアンケートでは出てこない参加者のホンネをつかむのに最適なのが休憩時間です。休憩時間に喫煙所や自動販売機の側で「あの先生、ちょっと怖いよね」「これ以上、難しくなったら、ついていけないよ」といった会話が交わされています。さりげなく聞き耳を立てれば、参加者の本当の思いが分かります。

　参加者の休憩時間は、ファシリテーターにとっては格好の情報収集の時間でもあるのです。場合によっては雑談に割って入り、「ちょっと、言い方がきつかったでしたか？」「難しすぎましたか？」とこちらが心を開けば、休憩時間なら案外素直に答えてくれます。参加者の反応が妙だと思ったら、休憩時間にホンネ調査することをお勧めします。

　もちろん、1泊2日の研修だったら、1日目の夜の懇親会に出て、そこで交わされている会話を、次の日の研修の組み立てに活用しましょう。ファシリテーターは24時間休む暇がないのです。

2 ファシリテーターとしての感性を磨く

自分自身を客観視するには

　どんなに十分に準備しても、実際にファシリテーターとして前に立つと、その場に没頭してしまいがちです。また、自分は良かれと思ってやったことも、参加者にとっては必ずしも良いとはいえません。気づかないままでいると、大きな落とし穴にはまってしまう恐れがあります。

　そんなときに、自分を映し出す鏡となってくれるのが参加者からの視点です。自分の姿を客観的に見る機会はなかなかなく、参加者の反応を通じて自分自身を振り返っていくしかありません。

　ここでは、ファシリテーターが自分の状態や気持ちを観察する方法について述べていきます。場にちりばめられている思いをキャッチする細やかな感性を進化させ、自身の複眼性を磨きながら成長を目指していきましょう。

想像力を働かせよう

　まず、じっと目を閉じてみましょう。参加者の表情や動き、声などを思い出しながら、気持ちを参加者に近づけてみましょう。

　そして、参加者席に座っている自分自身を想像してみてください。そこからは何か見えますか？　ファシリテーターは何をどのように振る舞っていますか？　それに対して、あなたはいったい何を感じているのでしょうか。

　自分の姿を知るには想像力が必要です。事前準備においても研修の最中でも、ファシリテーターは常に、参加者は何を感じ、何を考え、何を欲しているのか、を意識して想像します。その中でも「！」という気づきはよいですが、「？」と感じる違和感には要注意です。

それは、「首をかしげる」「目を伏せる」「頭を抱える」といった非言語メッセージで伝えてくれています。参加者はある面でとっても正直です。そんなサインを見落とさないようアンテナは高くしておきましょう。
　参加者のサインを恐れる必要はありません。参加者は無意識にファシリテーターに伝えることを通じて場を支えてくれています。それに対するファシリテーターの参加者への対応は、その気持ちを支援することにあります。両者は支援し合う関係にあるのです。

参加者になって観察してみる

　次は、もう少しリアルなアプローチです。実際の研修の場での「今、ここで、感じたこと」を通して自分のあり方を振り返る方法です。
　簡単な話、自分が参加者になってみればよいのです。
　たとえば、グループ討議の最中に、参加者の側に空いた席に座って会場を眺めてみましょう。何か感じることはありませんか。
　あるいは、人数が足らないグループがあったら、自分も一緒に入って話し合えばよく分かります。話しづらいテーマになっていないか、インストラクションが理解されているか、ここまでの内容についてきているか、どんな気持ちで話をしているのか、自分で実際に味わってみるのです。
　あるいは、他のファシリテーターがやる研修に参加するのもよい方法です。参加者になって、目の前にいるファシリテーターの表情や言動をじっくりと観察してみてください。自分のことは分からなくても、他人のことはよく見えるはずです。
　そのときに、ただ見ているだけではなく、気になったことや気づいたことを忘れないようにメモしておきます。その際には、自分自身が「気持ちよく感じたこと」「不快に感じたこと」の大雑把に2つに分けて整理してみてください。そして、そのときに現場では何が起こっていたかを追記しておきます。
　あとは、「気持ちよく感じたこと」を、次はあなたが実行に移せばよいのです。逆に、「不快に感じたこと」はやらず、自分ならこうするのにという改善方法を考えて実行していきます。たったこれだけのことでも自分への内省も含め、フ

ァシリテーターとして気づくことは多いはずです。

　もし、他の人の研修に参加する時間のない方は、TV番組を見て想像するだけでも構いません。たとえば、NHKの教育番組や科学情報番組などはファシリテーターの学びの格好の素材となります。トーク番組の司会者の立ち振る舞いにもいろんなヒントが隠されています。学ぶ気になれば何からでも学べるのです。

ファシリテーターの二面性

　ファシリテーターも人の子ですから決して万能ではありません。1人でできることには限りがあります。

　しかし、ファシリテーターはたった1人でも場に対して絶大な影響を与えるほどの存在感があるのも事実です。私たちはこの微妙なバランスの上に立って行動を起こしていかなくてはなりません。いわばジキルとハイドのような二面性を持って、その間を往来しているのです。

　二面性と上手に付き合っていくことはとても悩ましいことです。とはいえ、克服の手がかりはあります。

　1つめは、自分のキャラクターの長所・短所をファシリテーターの特性として活用する「客観性」を持つことです。2つめに、自分のキャラクターをいつも全開にせず、生かしたり殺したりする「冷静さ」を持つことです。3つめに、強いこだわりを持たず是々非々で臨む「臨機応変な判断」をすることです。

　参加者の視点から複眼的に見ていくことは、自分自身を客観視することを通じて自らを板挟みにし、バランスを保つトレーニングにつながっていきます。自分の中で対話すれば、一方通行の視点とは違うものが見え始め、自身の視野は飛躍的に広がっていきます。

　つまり、参加者と向き合い、その視点を通じて自分自身を見つめることは、すべてがファシリテーター自身の学びの場でもあるのです。ファシリテーターにとって、学びというものは実に奥深いものなのです。

良いフィードバッカーを得る

それに加えて、自分の立ち振る舞いに関して、歯に衣着せずにズバリとホンネで指摘してくれる人を持つことは、何物にも代えがたい財産になります。ぜひ、あなたのまわりでそんな役割をしてくれる人を探してみましょう。共にファシリテーションを学ぶ仲間でもよいし、親身になってアドバイスしてくれる先輩でもよいです。

本当は、あなたを一番よく知っている人、すなわち家族にお願いするのが一番です。一切の容赦なく、辛辣かつ的確にフィードバックしてくれるからです。筆者もやったことがあるのですが、ノックアウトされて相当へこむものの、しみじみと有り難いと感じます。なかなか仕事場に家族を立ち会わせることはできませんが、何か別の機会を設けて近しい人のフィードバックをもらってください。

そんな人がまわりにいない方の最後の手段は、自分の研修をビデオに撮って見ることです。こちらも相当へこみますが、できる人はぜひチャレンジしてみてください。

図表7-02 | ファシリテーターの様子

3 あり方を支える マインドを磨く

ファシリテーターを支える5つのもの

　最終的には、場や感性などの進化と相まって、ファシリテーター自身が進化を遂げていきたいものです。

　その中で特に大切にしたいことは**マインド**（意識・精神）を磨いていくことです。先に述べた自分自身と向き合い観察していくことは、ファシリテーターのあり方を支えるマインドを磨くことでもあります。

　昨今は、成果に焦るあまり、やり方としてのスキル（技能・技術）に目がいきがちです。しかし、現場ではやり方だけではとても通用しません。あくまでもやり方はあり方の上に立脚しているものなのです。そしてそのバランスを取っていくことが大切なのです。

　ファシリテーター自身も、常に学びの真っただ中にいます。その自らの学びを深めるために、目に見えないたくさんのものが無意識のうちに私たちを支えてくれています。それらに対して感謝の気持ちを忘れてはいけません。

1）自分の支え　～しっかりと振り返る

　まずは、自らが素直に振り返ることが自分自身を支えることになります。内省から始まり、帰ってくる場所も自分自身です。最後の頼みの綱となる自分の感覚や自分を信じる力（＝自信）の源泉はここから湧き出てきます。

2）他人の支え　～フィードバックを活かす

　他人からの客観的なフィードバック（指摘）も、見えない、気づかない自分を率直に知らせてくれることで、私たちを支えてくれます。謙虚に受け止め、感謝の気持ちで受け入れるだけでも学びは深まっていきます。

3) 先人の支え　～財産や知恵を応用する

　私たちのまわりに存在するコンテンツやアクティビティは、先人たちの英知と努力の粋を尽くして生み出されてきたものです。この財産と知恵の存在に支えられていることに感謝しつつ、さらに応用していきたいものです。

4) 時間の支え　～自分のものにする

　学びには必ず時間が必要です。技を自分のものとして体得することは、何度も繰り返し試していける膨大な時間の支えなくしてはできません。その時間を生み出せる環境や遭遇できるチャンスに感謝したいものです。

5) 場数の支え　～多様な現場を経験する

　学びはトライ＆エラーの連続です。たくさん現場を経験する場数こそが、私たちの自信を支えてくれます。場数は「バカs」というバカの複数形です。失敗も含めて、多様な現場が私たちを成長させてくれているのです。

　これらの支えから生まれ出た意識や思い、知恵や技術などを、場や参加者に対してお返しつつ、次に順送りしていく。それが、ファシリテーターがおこなう現場へ与えることのできる最大の支援なのかもしれません。

何のためにファシリテーションを活かすのか

　教育研修の場においては、ファシリテーションそのものをすることが大事なのではありません。
　ファシリテーションは手段にすぎず、人々が主体性を持って学び、相互作用を活かして学び合う場をみんなでつくり、研修の目的を達成していくことが大切です。そんな参加者の力を引き出すために、参加者を管理するのではなく支援する、ファシリテーションの力を活かしていくのです。
　そのようなマインドと穏やかな眼差しが参加者を包み込んでいったときに、参加者は本当にその力を発揮してきます。たとえるならば、「北風と太陽」の太陽のような温かさが、今、人には必要なのです。

ファシリテーションで、人の底力を引き出しましょう。人と人をつないでいきましょう。そして、その人の力と可能性を信じていきましょう。

「待つ」ということの大切さ

　教育研修の成果はすぐに現れるものではありません。とても根気のいる作業の連続です。時限爆弾を埋め込むようなもので、何年後に爆発するか誰も分かりません。

　ところが、相手となる参加者は、すぐに役立って目に見える成果を求めています。お互いに辛いところです。まるで消耗戦のように傷つけ合っているようにも感じます。寂しい限りです。

　もう一呼吸おいて考えるチャンスさえあれば、もっと力を発揮できる人はたくさんいるはずです。

　筆者自身でさえ、今に至るまでを振り返ってみると、かなりの時間とコストを費やしました。それでも待ってくれていた何かがあったからこそ、今の自分があることに気づきます。回り道をし、停滞し、悩むことは今でも多々あり、だからこそ学べたことが数多くありました。とても有り難い話です。

　本書でも何度か「あせらず、あわてず、あきらめず」という表現を使いました。この言葉の中には、待つという姿勢が込められています。

　筆者は、待てば花開く可能性が人に眠っているならば、それに出会うために、これからも現場で待ち続けてみようと考えています。皆さんはいかがお考えでしょうか。

教育研修ファシリテーター心得10カ条

　皆さんは、今、ファシリテーターとして、どのような気持ちを抱いていらっしゃるでしょうか。これからどのように教育研修の場や参加者に向き合おうとされているのでしょうか。

　本書の締めくくりに、これからの皆さんがファシリテーターとして活動される際の「心得10カ条」をまとめてみました。これは、現場におけるファシリテ

ーターの倫理観といってもよいかもしれません。
　もし、これからあなたが現場で悩むことがあったならば、もう一度これらの言葉に向き合って、自分自身を振り返ってもらえれば有り難いです。

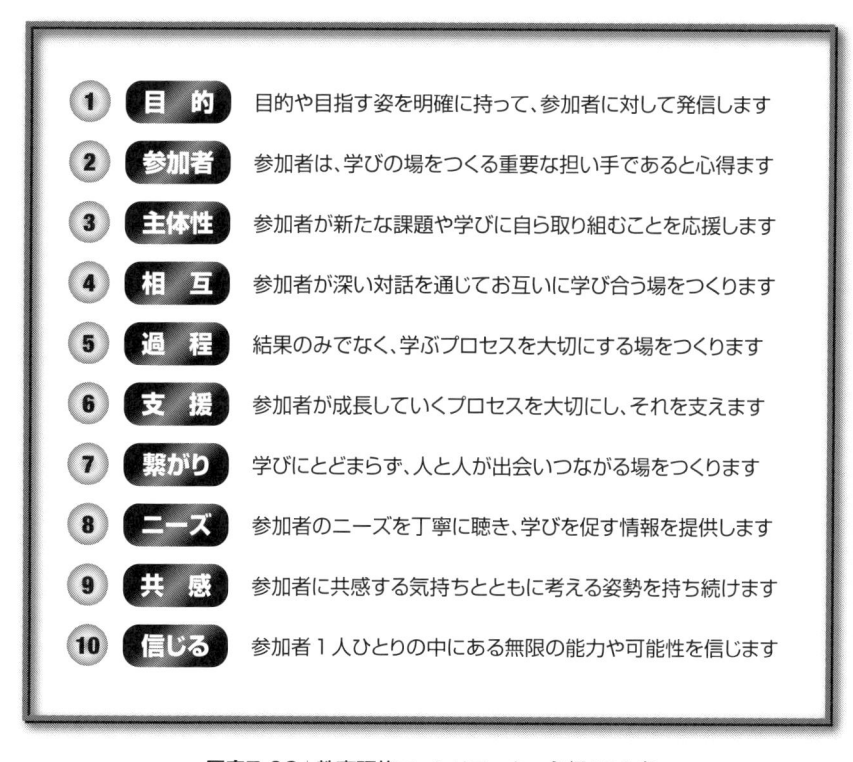

1	目　的	目的や目指す姿を明確に持って、参加者に対して発信します
2	参加者	参加者は、学びの場をつくる重要な担い手であると心得ます
3	主体性	参加者が新たな課題や学びに自ら取り組むことを応援します
4	相　互	参加者が深い対話を通じてお互いに学び合う場をつくります
5	過　程	結果のみでなく、学ぶプロセスを大切にする場をつくります
6	支　援	参加者が成長していくプロセスを大切にし、それを支えます
7	繋がり	学びにとどまらず、人と人が出会いつながる場をつくります
8	ニーズ	参加者のニーズを丁寧に聴き、学びを促す情報を提供します
9	共　感	参加者に共感する気持ちとともに考える姿勢を持ち続けます
10	信じる	参加者1人ひとりの中にある無限の能力や可能性を信じます

図表7-03 | **教育研修ファシリテーター心得10カ条**

ブックガイド

〈第1章〉

● 中原淳編著『企業内人材育成入門』ダイヤモンド社
人材育成に関する心理学、教育学、経営学などの基礎理論を具体的なケースに基づいて解説しています。人材開発について体系的に学びたい方にお勧めします。

● 福澤英弘『人材開発マネジメントブック』日本経済新聞出版社
人材開発の基礎理論から研修の企画運営まで幅広い内容を凝縮した実践的なテキストです。事典的な使い方もでき、常に手元に置いておきたい1冊です。

● 舘岡康雄『利他性の経済学』新曜社
管理を中心とした「リザルトパラダイム」から支援を中心とする「プロセスパラダイム」への移行を説いています。組織運営に関して示唆に富んだ内容が豊富に盛り込まれています。

〈第2章〉

● 堀公俊、加藤彰『ワークショップ・デザイン』日本経済新聞出版社
ワークショップ型の研修を実践するための具体的な技法やテクニックが満載。17種類の実践プランと付録のアクティビティカード集が、研修のプログラムづくりに役に立ちます。

● 日本能率協会マネジメントセンター『社内インストラクター入門』日本能率協会マネジメントセンター
インストラクターを目指す人向けの本ですが、研修の組み立てから進め方まで、研修に必要なすべての内容をカバーしています。これ1冊読めば研修の全体像が分かります。

● 島宗理『インストラクショナルデザイン』米田出版
教えること、学ぶことに関する基本的な考え方を平易な言葉で分かりやすく解説している良書です。特に、インストラクショナルデザインの鉄則17は、すべての実務家に役立つ内容となっています。

〈第3章〉

● 大谷由里子『はじめて講師を頼まれたら読む本』中経出版
ネタのつくり方から話し方のコツまで、超人気講師が持つ豊富なノウハウを余すことなく明かしています。レクチャーの力を高めたい方のヒントになります。

● 山田洋一『発問・説明・指示を超える 対話術』さくら社
現役の小学校の教師が対話型の授業のつくり方を具体的なフレーズとともに紹介しています。とても読みやすく、研修講師にとっても参考になる内容が散りばめられています。

〈第4章〉

- ●堀公俊、加藤彰、加留部貴行『チーム・ビルディング』日本経済新聞出版社
  アイスブレイクをはじめとするチーム・ビルディングのアクティビティがふんだんに載っており、ネタ本として使えます。便利なアクティビティ集の付録もついています。

- ●広瀬隆人他『生涯学習支援のための 参加型学習のすすめ方』ぎょうせい
  ワークショップを使った参加型学習の進め方を、社会教育や生涯教育に関わる人向けにまとめてあります。盛りだくさんの内容がイラスト入りで分かりやすく書かれています。

〈第5章〉

- ●中原淳、金井壽宏『リフレクティブ・マネジャー』(光文社新書) 光文社
  対話と内省を通じて仕事(経験)を学び(成長)のきっかけにすることを説くと同時に、職場のみならず会社の外に越境して学ぶことの大切さを訴えています。

- ●ドナルド・A. ショーン『省察的実践とは何か』鳳書房
  プロフェッショナルが経験と省察を通じて成長していくメカニズムを明らかにしています。専門書なのでやや読みにくいですが、一度は目を通してほしい代表的な著作です。

〈第6章〉

- ●市川力『探求する力』知の探究社
  筆者がオルタナティブスクールで研究・開発・実践してきた探求型の学習の豊富な実践例が紹介されています。大人の学習を進める上でも大いに参考になります。

- ●吉田新一郎『効果10倍の〈教える〉技術』(PHP新書) PHP研究所
  学習者主体の教育方法を説く本ですが、ワークショップのプログラム・デザインに役立つ知識が豊富に得られます。資料編として代表的なアクティビティの紹介もあります。

〈第7章〉

- ●中野民夫、堀公俊『対話する力』日本経済新聞出版社
  誰もが現場で直面するファシリテーターの23の悩みについて、2人のプロが対話形式で答えています。ファシリテーターとして一皮剥けたい方にぜひ読んでほしい1冊です。

- ●エドガー・シャイン『人を助けるとはどういうことか』英治出版
  ファシリテーターが大切にしたい「あり方」である「支援」について分かりやすく解説しています。同著者の『プロセス・コンサルテーション』とあわせて読むことをお勧めします。

あとがき

　人を育てる、組織を育てるということは、実に息の長い取り組みです。一朝一夕にはいかない地道な積み上げの先に、その成果が表れてきます。
　教育研修ファシリテーターの育成もその中のひとつです。これからの教育研修の現場を、自律分散型の学び合うスタイルに変える原動力として、1人でも多くの方が活躍してほしいと願っています。この本がそのきっかけとなるのであれば、とても嬉しいことです。

　よく、「あなたは、どのようにしてファシリテーションのスキルを学んできたのですか」と尋ねられます。正直なところ、2人とも「これだ！」といったものを学問的に学んだわけでも、本格的なトレーニングを受けたわけでもありません。
　ときに楽しく、ときに辛い多種多様な体験や経験の積み上げが、今の自分たちをつくり出したのだと考えています。もっといえば、無意識にやっていたことが「実は、これがファシリテーションだったのだ！」と気づき、自分の中で強く意識化されたことが基盤になっています。そのくらい「気づく」ということは、自分自身を変革する源泉となるのです。

　何気ない日常の営みの中にファシリテーターとして必要なことを学ぶチャンスが山ほどあります。いつの間にか学んで身につけることができる環境がたくさん転がっています。
　たとえば、筆者・加留部が場の雰囲気にアンテナを張って空気を読むようになったのは、転校生だった経験が活かされています。まったく知らない土地と人間関係の中に入っていくわけですから、周辺で起こる身近な変化に敏感でなくてはなりません。
　筆者・堀の場合は、3人兄弟の真ん中というポジションが、大きく影響して

います。どうしても親の意識が兄と妹にいきがちになり、空気を読んで親が期待することをやらないと、十分にかまってもらえなかったからです。

　また、2人の意外な共通点として放送と演劇があります。加留部が、人前で話をすることに抵抗を感じないのは、アナウンサーになりたかったという憧れや思いが支えになっています。滑舌よく話すことを心がけ、ときには発声練習もしました。日頃からラジオやテレビを視聴するときに、アナウンサーの言葉遣いや立ち振る舞いに注視し、それを真似ることが学ぶことにつながっていきました。

　一方の堀は、中学・高校と放送部に所属して、アナウンスの練習もやりましたが、主に番組づくり（ディレクター）を担当してきました。オリジナルの放送劇のシナリオも書きました。おそらくそれが、研修やワークショップを組み立てる上での力のもとになっているのだと思います。視聴者を楽しませたいという思いは、研修講師としての原点なのかもしれません。

　同じく加留部も、趣味としての演劇から多くのことを学びました。作家としての台本づくりや配役、役者としての稽古・セリフ回し・仕草・立ち位置、そして裏方としての段取り・打ち合わせ・空間配置・小道具などなど。演劇には、研修という場をつくり上げるのに必要な事柄が網羅されています。観客と一体になった場をつくり上げる快感は、何物にも代えがたいものがあります。

　このように、個人の興味や関心のあることを水平展開し、他人の興味や関心と融合させていくことから新たな価値が生まれてきます。1人ひとりが持つ思い、情報、思考、行動の間に、自主的で自発的な相互作用が起こる場ができれば、世の中を大きく変えられるかもしれません。それが、職場や組織のみならず、学校や地域社会においても実現されるならばなおのことです。

　そして、人と人をつなげ、お互いの存在を実感し、喜怒哀楽を分かち合っていくことで、人や組織、ひいては日本をもっともっと元気にしていこうではありませんか。それこそが本書に込めた筆者たちの一番のメッセージです。

　この本は多くの方のご協力やご支援の賜物であり、本書を締めくくるにあたり、御礼の言葉を申し上げます。

本書では、数え切れないほどの文献に散りばめられた先人たちの智恵を参考にさせていただきました。長年にわたって教育や研修の現場をつくり上げてこられた諸先輩の努力、英知、経験の上に本書があり、心から敬意と謝意を表したいと思います。

　とりわけ、ご自身の研修事例を快く提供してくださった徳田太郎さん、長沼豊さん、高見真智子さん、加藤彰さん、田坂逸朗さんには感謝の気持ちでいっぱいです。誠にありがとうございました。

　さらに、日本ファシリテーション協会の活動の現場からたくさんの示唆をいただきました。特に、協会が主催している「ファシリテーション基礎講座」の講師を育成する場で得た数々の発見、フィードバックコメント、助言などは大いに参考になりました。楽しく温かな学びの場の写真も多数お借りしました。お世話になった方が多すぎてお名前を挙げられませんが、ファシリテーションの普及と啓発に尽力いただいている皆さんに、心から感謝申し上げます。

　また、内容の相談に乗っていただくとともに、研修の主催者・参加者の視点から大いなるアドバイスを与えてくださった初村清香さん、後藤麻理子さん、西村こころさん、大野真裕子さんに御礼を申し上げたいと思います。ありがとうございました。

　加えて、心折れそうなときも励ましてくれ、長期にわたって粘り強く編集の労をとってくださった日本経済新聞出版社の堀江憲一さんに深く感謝します。この本の執筆を通じて筆者自身にも学ぶ場を与えてくれました。

　そして最後に、筆者たちを陰ながら支えてくれた家族に心から感謝します。本当にありがとう、これからもお互いに学び合っていきましょう！

〈写真提供〉
安藤幹人、瀬部俊司、空井郁男、高見真智子、田坂逸朗、長沼豊、中村洋一（50音順）

索引

英数
1分間プレゼン ················· 166
2ストライク3ボール ············ 178
KPT ························· 173

あ
アイスブレイク ················ 116
アクティビティ ················· 60
悪魔の批評者 ·················· 178
アンケート ···················· 70
位置づけ ······················ 41
意図開き ····················· 169
インシデント・プロセス ········ 141
インストラクション ············ 122
インストラクター ··············· 28
演劇 ························· 149

か
介入 ························· 122
会話 ························· 125
会話モード ···················· 82
学習転移モデル ················· 21
紙芝居 ························ 95
干渉性 ······················· 115
教育研修ファシリテーター ······· 26
議論 ························· 126
クイズ ······················· 120
空間 ·························· 49
クッションタイム ··············· 63
グランドルール ············ 55, 123
グループサイズ ················· 60
グループ討議 ·················· 130
グループ分け ·················· 121
経験学習モデル ············ 22, 158
ケーススタディ ················ 141
ケース・メソッド ·············· 141
研修ゲーム ··················· 139

ゴール ························ 42
言葉づくり ··················· 146
コンセプト ···················· 40
コンセンサスゲーム ············ 139
コンテンツ ···················· 76

さ
作品づくり ··················· 148
参加型の場 ···················· 78
参加者 ························ 24
参加者チェック ················ 118
シェアリング ·················· 161
自己開示 ····················· 159
自己啓発 ······················ 21
自己紹介 ····················· 119
質疑応答 ····················· 102
実践コミュニティ ··············· 73
質問 ·························· 96
主体性 ························ 26
人材開発 ······················ 19
親和図法 ····················· 132
ストーリーモード ··············· 81
省察 ························· 158
省察型 ························ 22
セッション ···················· 60
セルフチェック ················ 172
相互作用 ······················ 27
創作 ····················· 30, 144
創発性 ······················· 115
組織開発 ······················ 19

た
ダイアログ ··················· 133
体験 ····················· 30, 136
体験学習ゲーム ················ 140
対象者 ························ 41
タイムマシン法 ················ 147

235

タイムライン	172
対話	125
立ち位置	104
ダブルメッセージ	106
チェックイン／アウト	164
知識伝達型	21
チャレンジ・バイ・チョイス	142
手挙げアンケート	118
ディベート	131
デリバリー	76
トーキングオブジェクト	164

な

ナンバリング	81
ネームラインナップ	121
狙い	40

は

ハイポイントインタビュー	129
バザール	167
バズ	128
発問	96
非言語メッセージ	52
ひとこと自己紹介	119
批判的学習モデル	22
フィードバック	159, 178
フィッシュボウル	179
プッシュ	150
振り返り	158, 173
振り返りシート	175
フリップ	165
プル	150
プレゼンテーション	166
フレームワーク	147
ブレーンストーミング	130
プログラムシート	54
プロセスパラダイム	24
ペアインタビュー	129
ベース＆リード	175
ペーパータワー	137, 140
ポイント	80
ホールド	122
ポジティブアプローチ	192
ホワイトボード	94

ま

マイセオリー	158
マインド	226
学び合い	28
マルチスタイルメソッド	30
○×クイズ	120
目的	40
モデリング	123
問題解決型	22

や・ら・わ

友人への手紙	178
ライブ感	106
リザルトパラダイム	24
リフレクション	30, 158
リレー質問	99
例示	80
レクチャー	30
レジュメ	92
ロールプレイング	138
ロジカルモード	80
ワークショップ	30, 114
ワールドカフェ	133

■著者紹介

堀　公俊（ほり・きみとし）

1960年、神戸生まれ。大阪大学大学院工学研究科修了。大手精密機器メーカーにて商品開発や経営企画に従事。95年より組織改革、企業合併、教育研修、コミュニティ、NPOなど多彩な分野でファシリテーション活動を展開。2003年に有志とともに日本ファシリテーション協会を設立し、初代会長に就任。関西大学商学部や法政大学キャリアデザイン学部で非常勤講師を務め、執筆や講演活動を通じてファシリテーションの普及・啓発に努めている。
現在：堀公俊事務所代表、組織コンサルタント、日本ファシリテーション協会フェロー
著書：『ファシリテーション入門』『ワークショップ入門』（以上、日本経済新聞出版社）、『チーム・ファシリテーション』（朝日新聞出版）など多数
連絡先：fzw02642@nifty.ne.jp

加留部　貴行（かるべ・たかゆき）

1967年、山口県生まれ。九州大学法学部卒業。西部ガス㈱にて人事、営業、新規事業部門に従事。学生時代からまちづくり活動に携わり、2001年より福岡市へNPO・ボランティア支援推進専門員として2年半派遣。ファシリテーションを活かして大学改革を進めたいとの要請を受けて2007年より九州大学へ出向。学内外で年間100件以上の教育研修プログラムやワークショップの開発に携わっている。企業、大学、行政、NPOの4つのセクターを経験している「ひとり産学官民連携」を活かした共働のファシリテーションを実践。
現在：九州大学大学院統合新領域学府特任准教授、日本ファシリテーション協会フェロー
著書：『チーム・ビルディング』（共著、日本経済新聞出版社）
連絡先：karuchan@nifty.com

日本ファシリテーション協会

ファシリテーションの普及・啓発を目的とした非営利特定活動（NPO）法人。ビギナーからプロフェッショナルまで、ビジネス・まちづくり・教育・環境・医療・福祉など、多彩な分野で活躍するファシリテーターが集まり、多様な人々が協調し合う自律分散型社会の発展を願い、幅広い活動を展開している。
〈Website URL〉http://www.faj.or.jp/